の憲法教室

水島朝穂
Mizushima Asaho

a pilot of wisdom

目次

第五章 憲法条文の読み解き方

図版／クリエイティブメッセンジャー
撮影／高橋定敬

プロローグ――憲法改正を語るまえに

わたしは〝護憲論者〟ではない

新聞やテレビ、講演会やシンポジウムなどで、わたしは「護憲派の憲法学者」「護憲論者」として紹介されることが多い。でも、このような紹介を受けたあと、わたしは次のように付け加えるようにしている。「護憲論者」というのが「憲法を変えることに反対する人」と定義されるとすれば、わたしはそうではない。どこの国の憲法にも改正条項があり、日本国憲法にも九六条がある以上、憲法の改正に反対ということはあり得ない。問題は、どの条文を、どのように変えるか、それについて賛成かどうか、である。もし、憲法九条を改正するかと問われれば、わたしはこれに反対する立場だ。この三〇年間、「憲法九条を変えないことの積極的意義」を説いてきた、と。

世間では、メディアの扱い方もあって、「護憲論者は憲法の条文にこだわりすぎ、現実を見ない理想主義者」であり、「改憲論者は、憲法を国や社会の実情に合わせて変えていく現実主義者」であるというイメージが定着しているように思える。「護憲」という言葉の響きも、憲法を宗教上の教典のように捉えていると揶揄《やゆ》される余地がないとは言えない。憲法をめぐる規範と現実の矛盾はどこにでも存在する。問題はその矛盾をどのように認識し、かつどのように解決していくかという方法論にある。現実に適合しない規範を変えることで矛盾を解決するのもひとつの選択だろう。これが憲法の改正である。他方、規範（理念）に反する現実を規範の方向に徐々に近づけていく努力もまた、現実を踏まえた冷静な思考選択のはずである。わたしはこの立場にたつ。狭い意味での「護憲論者」でないという所以《ゆえん》である。

さて、この国の言説空間では、「憲法とは何か」という肝心な点を置き去りにしたまま、「護憲か、改憲か」に論点が性急に収斂《しゅうれん》させられ、せっかくの生産的な議論が終息してしまう傾きにある。憲法を変える、変えないという議論は、憲法に関する最小限の共通認識を前提にして行われるべきだろう。

憲法とは何か

憲法とは、第一義的には、国家権力を制限する規範であり、国民が国家権力に対して突きつけた命令である。国家権力が何かを行うとき、その動き方に枠をはめ、動く方向を指示し、国家が介入してはならない個人の固有領域（思想や宗教など）を明示する。憲法には、国家が「してはならないこと」と「してもよいこと」の基本が書き込まれている。そこに書かれていないことは、原則としてできない。国家は憲法によって授権されたことしかできないのである。これが憲法のもっとも重要な働きである。単純化して言えば、憲法は「国民みんなが守る大切なきまり」ではなく、「国民みんなで権力を制限する大切なきまり」ということになる。こうした憲法に基づく国のありようを「立憲主義」という。

憲法には、歴史上のさまざまな経験と失敗の蓄積の上に、そこから引き出される一定の教訓が、ある程度体系的に、抽象的な文言を駆使して表現されている。そこには、本質的に「疑の技」が仕込まれている。この世に「よい政府」というものは決して存在しないから、「疑の一字を胸間に存し、全く政府を信ずることなきのみ」。「東洋大日本国国憲案」を起草した、南国土佐の自由民権運動の理論家、植木枝盛《えもり》の言葉である（家永三郎編『植木枝盛選集』岩波文庫)。

「よい政府」、つまり「よい権力者」は存在しない。アメリカ建国の父、トーマス・ジェファーソンが言うように、信頼は常に「専制の親」であるから、猜疑心《さいぎしん》を持ち続けることが大事なのである。人々の「疑いの眼差《まなざ》し」が権力を縛る鎖である。その鎖を文章化したもの、それが憲法である。この「疑いの眼差し」にさらされている限り、権力は暴走と堕落を免れる可能性が高くなる。「よい政府」は存在しないが、それに接近することはできる。そのための最良の方法は、権力者が人々の猜疑心にさらされ続ける仕組みが安定的に存在することである。これが立憲主義に基づく国のありようである。

『あたらしい憲法のはなし』からの〝卒業〟

講演で全国をまわっていて、「憲法が権力者を縛るものだということがよくわかりました」という感想を聞くことが多い。憲法学では自明中の自明である立憲主義が、日本国憲法六六年の歴史のなかで、必ずしも普及してこなかったと言わざるを得ない。その原因なり背景の一端には、『あたらしい憲法のはなし』(文部省・中学一年生社会科用教科書、のちに副読本、一九四七年八月刊）の存在もあるのではないか。戦後の憲法教育は長年これを参考にしてきたが、この小冊子については、「いまもなお、護憲派のバイブル的存在」、あるいは「平和問題を考える上でのバイブル」といった評価がネット上にも見られる。

確かに、「戦争の放棄」の箇所などはわかりやすく解説されており、この小冊子のすぐれた点だとわたしも考えている。しかし、この小冊子には、憲法が国家権力を制限するものだという立憲主義の視点が決定的に欠落している。「憲法三原則」は覚えることができても、憲法のもっとも本質的な特質について理解しづらくなっている。「憲法を守ってゆく」という表現が多数出てくるのだが、国民を主語にしたところが五カ所もある。たとえば、「みなさんは、国民のひとりとして、しっかりとこの憲法を守ってゆかなければなりません」というふうに。こうして、憲法は「わたしたちみんなが守るもの」と刷り込まれていく。実際、中学・高校でそのように教えられてきたと語る大学生も少なくない。

『あたらしい憲法のはなし』の限界を端的に示す記述は、普通選挙の説明に見られる。「気がくるった人まで選挙権をもつというわけではありませんが……」。今日ではあり得ない記述であるというだけでない。二〇一三年五月二七日、改正公職選挙法が参議院で全会一致で可決・成立して、精神疾患や知的障害で成年後見人を付けた人にも選挙権が回復した。同年七月二一日の参議院選挙から、一三万六〇〇〇人が一票を投じることができるようになったのである。

この小冊子を「護憲のバイブル」として扱うことはもうやめるべきである。尾崎豊の歌『卒業』（一九八五年）の一節に「仕組まれた自由にだれも気づかずに　あがいた日々も終わる　この支配からの卒業」というのがあるが、「憲法は国民が守る大切なきまり」という思考の「支配からの卒業」である。卒業のあとにくるのは「立憲主義」という思考でなければならない。近年の中学校社会科教科書に「立憲主義」の記述が入るようになったのは大事な一歩と言えよう。

マイナーな条文を有名にした首相の「功績」

一〇三カ条ある日本国憲法の条文のなかで、もっともよく知られているのは九条だろう。だが、近年、一般の人々の認知度が突然、一気に上昇した条文がある。それが九六条である。憲法改正が、衆参各院の総議員の三分の二以上の賛成で国会が発議し、国民投票の過半数の賛成で成立するという改正手続を定めたものである。こんな地味な条文について、一国の首相が「とりあえず九六条から変えましょう」と大きな声で、力強く語りはじめた。これは、この憲法の歴史のなかではじめてのことだろう。

九六条を改正すると言っても、たとえば、国民投票を外す、「総議員」を「出席議員」に変えるなど、いろいろなパターンがある。しかし、安倍首相が主張したのはただひとつ。「三分の二以上」を「過半数」にするというものである。

二〇一二年一二月一六日の総選挙で自民党が圧勝し、第二次安倍晋三内閣が発足した。安倍氏は投票日の翌日の記者会見で、「憲法改正に向け、発議要件を定めた九六条の改正を先行させる」と明言した（朝日新聞一二月一八日付一面トップ）。憲法改正の理由として挙げたのは次の三点。①世論調査で五割以上の人が改憲に賛成している、②改憲発議を国会議員の三分の一で阻止できるのはおかしい、③占領軍の手によって閉じ込められた鍵を開けて、国民の手に憲法を取り戻す、それが九六条改正だ、と（読売新聞二〇一三年四月一六日付「首相単独インタビュー」）。

また、東京ドームで行われた「国民栄誉賞」授与式のあとの巨人・広島戦の始球式に、安倍首相は「読売巨人軍」のユニホーム（背番号96）を着用して登場。「私が九六代（内閣総理大臣）だから『96』なんです」と語った（東京新聞、同年五月六日付）。

憲法に対する想いや思い入れは、安倍首相なりにあるのだろうが、その思い入れが思い込みとなり、さらに思い違いに進化して、いまや国民を巻き込む壮大なる勘違い（「まず九六条から」）にまで発展している。

この安倍流「九六条先行改正」論の安易さと危うさを的確に衝《つ》いたのは、仙台の河北新報二〇一三年二月二三日付社説だった。「野球で、貧打に悩むチームが『三振』を『四振』に変えてくれと相手チームに持ち掛けても、通るはずがなかろう」で始まるこの社説は、いちいち鋭い。「最高権力者が簡単に緩和を口にするようでは、専横とのそしりは免れない。何より、立憲主義に対する理解不足を疑われても仕方がない」とも。

二〇一三年の憲法記念日には、新聞各紙の社説に「立憲主義」という言葉が頻繁に登場した。これまでにない現象である。「九六条先行改正」論が、この国の人々に欠如していた立憲主義という概念を認識させるという皮肉な結果を招来した。これは安倍首相の「功績」と言えるかもしれない。

自民党憲法改正草案は「反面教材」

「憲法九六条先行改正」をはじめ、権力者が異様な熱心さで改憲を説くとき、立憲主義の観点からは大きなクエスチョンが付けられるべきである。国家権力を制限し統制する憲法という「制限の鎖」を緩めるために、とうの権力担当者自らが改正条項を道具とするとき、国民はしっかりそれを見極めなければならない。憲法を変えるとはどういうことか。憲法とは何かということを、じっくり考えて判断することが求められている。その意味での「反面教材」として、二〇一二年四月の自民党の「日本国憲法改正草案」はある。この草案や新聞アンケートを使って、わたしのゼミの学生たちとの、ぶっつけ本番の「番外ゼミ」を開講しよう。

早稲田大学法学部「水島ゼミ」について

わたしは札幌学院大学法学部助教授、広島大学総合科学部助教授を経て、一九九六年に早稲田大学法学部教授として着任し、三・四年生の専門演習（現在は主専攻法学演習）を開講した。これが水島ゼミである。

水島ゼミの特色の第一は、その「現場主義」にある。普通の憲法ゼミが憲法学説や判例の検討を中心に行われるのに対し、このゼミでは一見憲法とは無関係に思えるものも含めた社会問題を広くテーマとして取り上げ、実際に「現場」へ取材に行く。それは近場に限らず、東北の被災地や山陰の原発周辺自治体などに及ぶこともある。発表班は問題の「現場」で関係者に取材し、「取材録」を作る。その上で、文献や関係資料も検討した分厚いレジュメが用意され、二コマ、連続一八〇分の議論がたたかわされる。

テーマの設定からゼミ運営に至るまで、すべて学生の自主性に委《ゆだ》ねている。わたしが発言するのは終わり際の一五分だけ。その後、学生たちの議論は居酒屋まで持ち越して続けられることもある。

最近扱ったテーマは、「ストーカーと警察権の限界」「被災地の雇用問題」「神田駅超高架差止訴訟から考える新しい住民参加のかたち」「『尊厳死』を疑う」「迷走する大学改革」「中絶胎児の医療転用」「外国にルーツを持つ児童の教育」「朝鮮学校と高校無償化問題」「マイナンバーと地方自治」など多岐にわたる。

毎年三月と八月にはゼミ合宿を行う。夏合宿は隔年で沖縄、そして北海道、長崎、広島など、それぞれの「現場」で憲法問題、社会問題を徹底して取材する。この憲法の問題を自らの頭と手足を使って体感していく手法は、憲法が机上のものでなく、実際の社会でどのように機能しているかを考える上で効果があると考えている。

学生たちに「なぜ、水島ゼミに入ったのか？」と聞くと、次のような答が返ってきた。

「いちばん法学部っぽくないゼミだと思ったから（笑）。現場に足を運んで、そこで感じたことをみんなと議論すれば視野が拡《ひろ》がり、ものごとを多角的に考えられるようになると思いました」

「わたしは発達障害の問題に関心を持っていたのですが、実際にそういった施設に行ってボランティア活動をしてみて、机のまえでする勉強では見えてこなかった大切なものに出会った気がします」

「客観的な〝正解〟だけなら教室で判例を研究していても見つかるかもしれませんが、現場に飛び込むことで、そこにある生《なま》の問題に触れることができると思いました」

「たとえ水島先生個人の考えとは異なる意見であっても自由に言える雰囲気に惹《ひ》かれました。その土壌があるから、ゼミの仲間たちの議論も活発になるのだと思います」

　このゼミのもうひとつの特色として、次期ゼミ学生（二年生）を選抜する際、現ゼミ学生（三年生）が実質的に関わることが挙げられよう。それはゼミ生の意見を聞くということにとどまらず、彼らとともに選考を行い、わたしと選考委員とで意見が食い違う場合は、何度でも協議を重ねて選抜する。そうすることで、学生たちは「選ぶ（＝落とす）側の責任」を実感するという。

　わたしはゼミの募集要項にこう書く。

《ゼミナールの原語は「セミナーリウム」（苗床）である。種を蒔《ま》き、それに水や有機肥料をやり、太陽の光をたっぷり与えて、「問題意識」の果実を育てていく。ゼミは「学問の道場」である。取材能力、文献検索能力、論理的構成力、文章表現能力、プレゼンテーション能力などの錬磨の場である。また、ゼミ運営を通じて、教員と学生、学生相互、さらには取材を通じて出会うさまざまな分野の人々との「人間関係の道場」である。アポの取り方、相手の意見の聞き方、自分の考えの伝え方、取材後のアフターケアなど、まさに「コミュニケーションの道場」でもある。「社会への窓」を大きく開け、社会現象に対するアンテナを延ばしながら、時代の転換点にあるこの国とその憲法の行方について、一緒に考えていこう。「はじめに資格試験や就職ありき」ではない、学問をそれ自体として追究しかつ楽しむことをこのゼミのモットーとしたい。》

水島ゼミについて、詳しくはゼミのホームページ http://mizushimasemi.jimdo.com/ を参照されたい。

本書に収録されているわたしと学生たちとのやりとりは、二〇一三年五月一六日、木曜日の午後二時四五分から午後六時までの教室の風景である。現場取材に基づく学生主体の〝いつもの水島ゼミ〟とは異なり、わたしが進行役をつとめ、「そもそも憲法とは何だろう」という初心にかえって、レジュメもなしで、資料だけを手がかりに、自由に語り合ってもらった。

以下、各章の構成は、原則として、関係資料（新聞アンケート・自民党憲法改正草案）、ゼミ討論、わたしの解説の順となっている。

第一章　憲法とは何か

【資料①】
読売新聞・全国世論調査「憲法」

調査日：2012年2月25、26日
対象者：全国有権者3000人（250地点、層化二段無作為抽出法）
実施方法：個別訪問面接聴取法、有効回収数：1661人（回収率55%）

Q 日本の憲法についてお聞きします。あなたは、今の日本の憲法のどんな点に関心を持っていますか。回答リストの問題は、すべて憲法に関係するものですが、あなたがとくに関心を持っているものを、いくつでもあげて下さい。

項目	%
天皇や皇室の問題	28
戦争放棄、自衛隊の問題	39
平等と差別の問題	19
言論、出版、映像などの表現の自由の問題	12
情報公開の問題	14
プライバシー保護の問題	20
生存権、社会福祉の問題	24
環境問題	29
集会やデモ、ストライキ権の問題	3
選挙制度の問題	22
裁判の問題	14
靖国神社への公式参拝の問題	9
憲法改正の問題	14
三権分立の問題	4
地方自治の問題	14
国会の二院制の問題	15

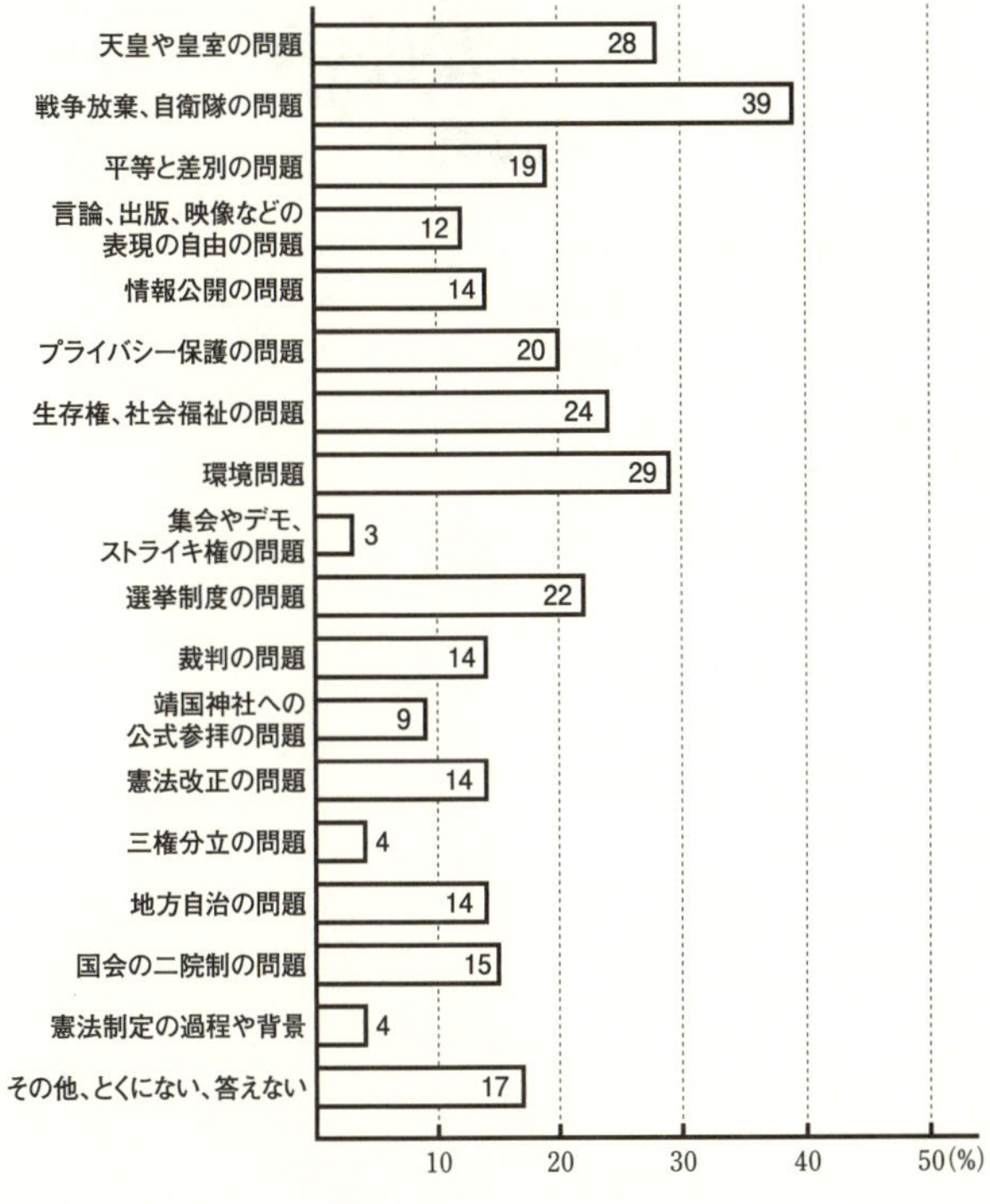

Q　あなたは、今の憲法を、改正する方がよいと思いますか、改正しない方がよいと思いますか。

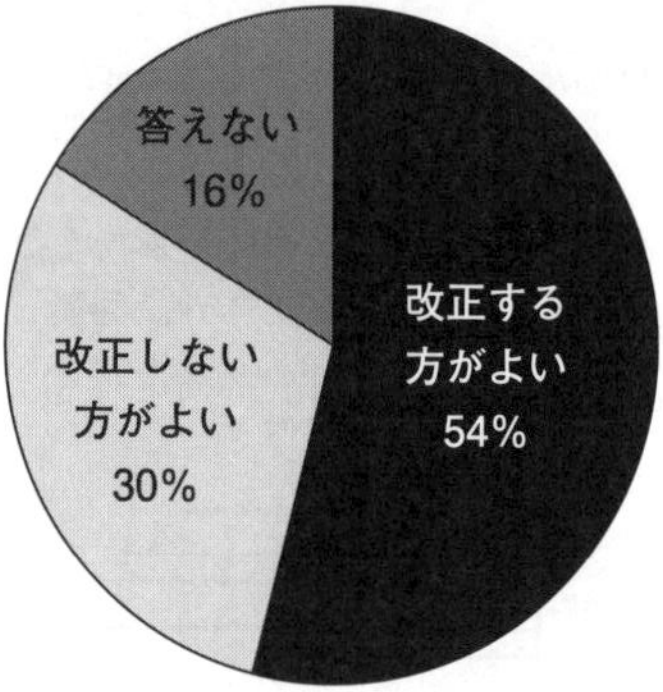

Q　【前問の答えが「改正する方がよい」の人だけ】
あなたが改正する方がよいと思う理由は何ですか。回答リストの中から、いくつでもあげて下さい。

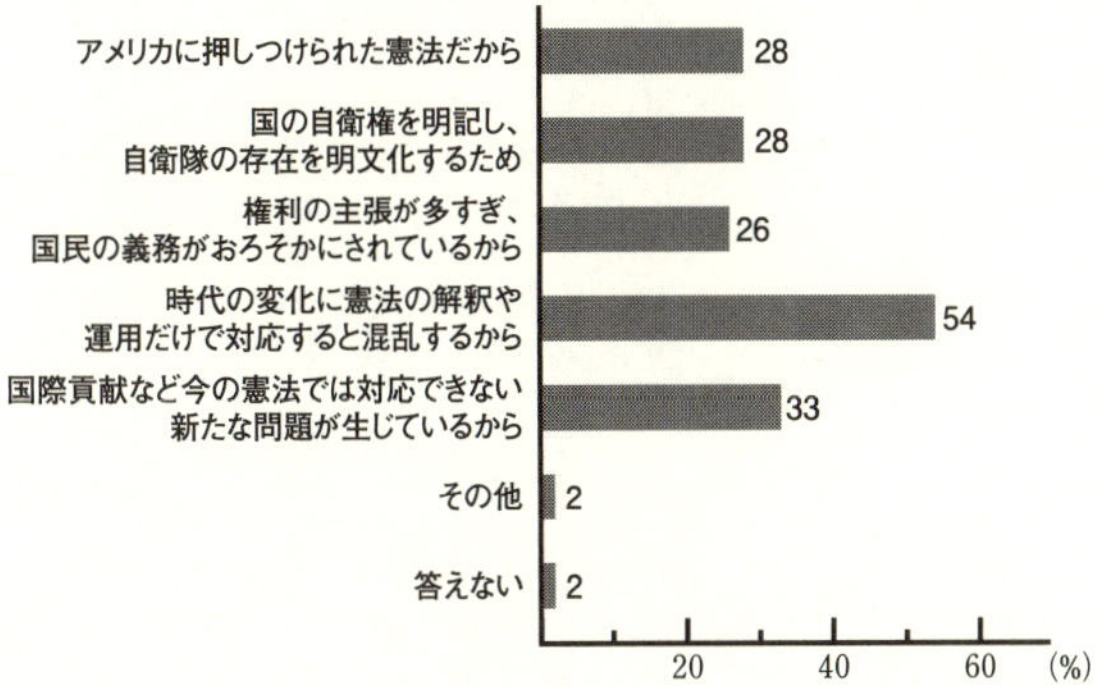
アメリカに押しつけられた憲法だから
28
国の自衛権を明記し、
自衛隊の存在を明文化するため
28
権利の主張が多すぎ、
国民の義務がおろそかにされているから
26
時代の変化に憲法の解釈や
運用だけで対応すると混乱するから
54
国際貢献など今の憲法では対応できない
新たな問題が生じているから
33
その他
2
答えない
2
20
40
60
(%)

Q　【前問の答えが「改正しない方がよい」の人だけ】
あなたが改正しない方がよいと思う理由は何ですか。回答リストの中から、いくつでもあげて下さい。

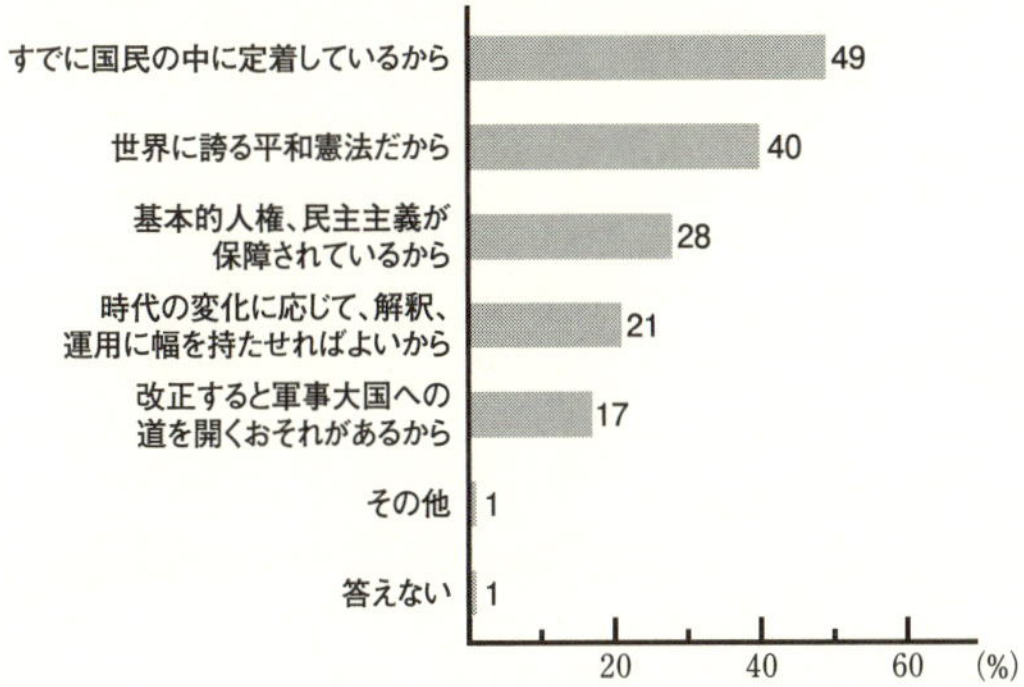
すでに国民の中に定着しているから
49
世界に誇る平和憲法だから
40
基本的人権、民主主義が
保障されているから
28
時代の変化に応じて、解釈、
運用に幅を持たせればよいから
21
改正すると軍事大国への
道を開くおそれがあるから
17
その他
1
答えない
1
20
40
60
(%)

設問にならない設問

水島　ここに読売新聞が行った憲法に関する世論調査があります（資料①／二五頁）。「いまの憲法を、改正するほうがよいか、改正しないほうがよいか」という質問があって、結果は「改正するほうがよい」と答えた人が五四％、「改正しないほうがよい」が三〇％、そして「答えない」が一六％となっています。

君たちだったら、こういう世論調査にどう答えますか？　まず、この水島ゼミの現状を見てみましょう。

「改正するほうがよい」という人は手を挙げてください。……七人ですね。では「改正しないほうがよい」という人は……二〇人。「どちらとも言えない、答えない」という人が、ふたり。母数は二九人ですから、水島ゼミでは〝改憲派〟が約二四％、〝護憲派〟が約六九％ということになりますね。

それぞれの回答の理由を訊《き》いてみましょう。まず「どちらとも言えない、答えない」に手を挙げたふたり、その理由を言ってください。

男子A　この設問では、あまりに漠然としていて答えようがないからです。「変えたほうがいいか、変えないほうがいいか」だけでなく、なにを変えるのか、どう変えるのかまで言ってもらわなければ評価できないと思います。

男子B　ぼくも同じで、この設問ではなににについて訊かれているのかわからない。憲法改正が議題なら、たぶん、いまだったら九六条か九条のことだろうと想像はできますけど、だったら具体的にそう訊いてほしい。ひとくちに憲法改正と言っても、たとえば九条を改正して国防軍を創設することと、環境権のような新たな権利を憲法に盛り込もうというのでは、そもそも論点が異なってくると思います。

水島　じつは、この設問に関しては、わたしもいまのふたりと同意見です。わたしは常々、この設問のような漠然とした問いかけで憲法改正の是非を論じることこそ問題であると言ってきました。みんなもそれはわかっていると思いますが、その上で「改正したほうがよい」と答えた人の意見を聞いてみましょう。

男子C　いま「どちらとも言えない」と答えた人のコメントにも出てきましたが、たとえば「環境権」というのは現在の憲法では明文化されていません。それから「知る権利」についても同様です。こういった権利は現在の憲法が施行された一九四七年には想定されなかったもので、その後、現実の状況が変化するなかで必要になってきていると思います。これまでは憲法の解釈で対応してきた、これらの明文化されていない権利を、現状追認ではなく憲法を改正して明確にしたほうがいいと思います。ただし、九六条の改正については、個人的に反対です。

男子D　ぼくも九六条の改正には反対です。ただ、九条については、憲法に書かれていることと、現実に国が保持・運用している自衛隊とがロジックとしてかけ離れすぎている。九条を丸ごと変えろというのではありませんが、変えるべきところはあると思います。また、そうやって現実と照らし合わせながら考え、議論しながら変えていくのが憲法ではないかと思います。

水島　期せずして〝改憲派〟のふたりも九六条の改正には反対でした。もし、この設問が「あなたは、憲法第九六条の改正に賛成ですか、反対ですか?」というものだったら、彼らも反対の側にまわったということですね。ということは、やはり、この設問に関して「漠然としすぎている」という点では、「どちらとも言えない」と答えたふたりと共通しているんじゃないでしょうか。では「改正しないほうがよい」と答えた人の意見も聞いてみましょう。彼らも、この設問が漠然としている、憲法のどの点について訊いているのか判然としないと考えるのは同じだと思いますが、それでもなお「改正しないほうがよい」と答えた理由は?

男子E　いまは、まだ国民のなかで憲法改正に関する議論が煮詰まっていない状況だと思います。その現状では「改正しないほうがよい」と答えるのが妥当だと考えました。

女子F　わたしも同じで、議論がし尽くされているか、どうか。そこに疑問を持っていて、いまの状況で「改正したほうがよい」と答えるのはアブナイ気がしました。また、これまで自衛隊、九条の問題も憲法の解釈と特措法（特別措置法）のような法律を制定・運用することでなんとかやってきたわけですから、それで対応できるなら、必ずしも「憲法を改正しなければいけない」ということはないんじゃないでしょうか。

水島　議論がたりない、論点が明確になっていない。そういう意味で言うと、いまの〝護憲派〟の人たちの意見も「この設問が漠然としている、唐突である」という点では共通しています。そして、そんな設問に対する回答も、単にこの世論調査の数字だけを見れば「過半数が憲法改正に賛成」ということになります。特に、改憲に意欲的なメディアはそういった論法で改憲熱を煽《あお》るような傾向があります。わたしは、その点を問題視しているのです。

日本の憲法教育の「忘れ物」

水島　さて、わたしたちが憲法について考えるとき、その人間がどのような「憲法教育」を受けてきたかは、非常に大きな問題です。いま話していた世論調査の回答も、この個々人が体験した憲法教育が大きく影響しているはずです。みんなは高校まで、憲法に関してどんな授業を受けてきましたか？

男子G　「平和主義」とか「基本的人権の尊重」といったことを言葉で覚えさせられましたが、いま大学生になって思うと、では「なぜ、憲法を尊重しなければいけないのか？」とか、根本的な問いは置き去りにされていた気がします。

水島　そうじゃなくて。もっと具体的に、君個人の体験を聞かせてください。「言葉で覚えさせられた」と言いましたが、条文を暗記させられたとか？

男子G　条文を暗記させられるということはありませんでしたが「憲法の改正を発議するには国会で三分の二以上の同意が必要で、そのあとの国民投票では過半数」といった〝数字〟は覚えさせられました。

男子H　ぼくは中学の社会科の授業で憲法の前文を暗記させられました。

水島　暗記ができないと？

男子H　授業中に暗誦《あんしょう》できなかった生徒は放課後、武道場に呼び出されて、先生と一対一で、言えるようになるまで帰らせてもらえませんでした。

水島　おいおい。「日本国民は、恒久の平和を念願し、人間相互の関係を支配する崇高な理想を深く自覚するのであつて……」というアレを武道場で無理矢理にかい（笑）。

女子I　わたしも前文を暗記させられて、できないと何度も追試を受けさせられました。

女子J　わたしは前文ではなく二五条を暗記させられました。

水島　「二五条を暗記させられた」というのは、はじめて聞きました。「すべて国民は、健康で文化的な最低限度の生活を営む権利を有する」という条文ですね。この一項だけでなく、二項も？

女子J　いいえ。一項だけですが、やはり暗誦を間違えると、何度も紙に書かされました。

水島　H君、中学校の武道場で暗記させられたという憲法前文を言ってみてくれる？

男子H　いや……。言えません、忘れました。

水島　これが日本の憲法教育の成果だ（笑）。暗記以外ではどんな授業を受けてきたのかな。

男子K　大学に入って法学部で勉強していて、いまなら「憲法は国家権力を縛るためのものだ」と言えるわけですが、中学・高校の社会科の授業では「憲法は国民が守らなければいけないもの」として習った記憶があります。

水島　核心を突く発言だ。ほかの人たちも、大学に入って「憲法を守らなければいけないのは国民ではない、権力担当者だ」と言われて驚いたんじゃないでしょうか。中学・高校の現代社会、政治経済では、「憲法は国民が守るもの」として教えられているのが日本の憲法教育の実状です。ということは、つまり君たちのように大学の法学部に入って特に憲法を学ぶ人以外、国民の大多数は憲法を「そういうものだ」と捉えているわけです。では、なぜ、そのような憲法教育が行われることになったのか、そこを考えてみましょう。

男子L　中学・高校の社会科の先生というのは、大学で政治経済のような学問を中心に学んできた人が多いんじゃないでしょうか。その視点で考えると、やはり憲法も「国家による統治」の一環と捉えられてしまうのではないでしょうか。また、高校時代の社会科を思い出してみると政経、歴史、倫理、地理といった授業がありましたが、憲法については政経の授業で習ったと思います。で、やはり政治という流れのなかで憲法を学ぶから、統治という観点が強くなるのだと思います。

水島　なるほど。では、逆に「憲法は国家権力を縛るためのものだ」という立憲主義の考え方を中学・高校で習った人はいますか？　おっ、ひとりいた。

女子M　わたしは高校のとき、日本史の先生から立憲主義について習いました。

武田信玄の「甲州法度之次第《こうしゅうはっとのしだい》」

水島　日本史ということは、自由民権運動とか、そこらへんの流れで立憲主義が出てきたわけかな。しかし、それは非常にレアなケースだと思います。なぜ、日本の憲法教育では立憲主義ということを言わないのでしょうか？

男子L　やっぱり輸入したものだからじゃないですか？

水島　輸入？

男子L　はい。ヨーロッパだと、英国の「マグナ・カルタ」に見られるような中世立憲主義の伝統があって、そこから民主制へと進む過程で近代立憲主義が芽生え、市民が「自分たちで憲法を作った」という歴史、誇りのようなものがあると思います。日本の場合は、明治になって憲法というものを輸入したから、その理念である近代立憲主義は忘れられがちなのでは……。

水島　いまL君が言った「英国の『マグナ・カルタ』に見られるような中世立憲主義の伝統」というのは、たとえば献納金の徴収、財政面・軍事面での徴募、逮捕、差し押さえなどについて国王の専制に対する制限が定められていることを指したものですね。これは、国王の権限が制限されているものの、近代立憲主義のエッセンスである「人権保障」などはまだ含まれていません。

日本の中世にも武田信玄の「甲州法度之次第」のようなものがありましたよ。そのなかで信玄は「自分自身もこの法に拘束される」、そして「自分がこの法に触れるような行いをしたときには、身分の貴賤《きせん》を問わず誰でも自分を告発してよい」ということを記しています。これは、中世的立憲主義の芽生えのような考え方です。

また、戦前の日本の政党には立憲政友会、立憲民政党など「立憲」と名のついた政党がたくさんありました。ところが、戦後になって政党名から「立憲」の文字が消えていきます。戦後、それに代わったのが「自由」と「民主」で、権力者を縛るといった理念よりも、そっちのほうが有権者が得をした気分になると考えたかどうかはわかりません。ただ、この「自由」と「民主」をふたつくっつけた名前の政党が「憲法を改正しよう」と言っていることは皮肉に思えます。

このように戦後の日本では忘れられかけていた立憲主義ですが、ここ最近は、新聞もほぼ全社が立憲主義について書くようになりました。自民党の内部からも「安倍さんのやり方は立憲主義に反するのでは」といった声が出てきているし、共産党までが「立憲主義を守る」と言い出して、わたしは「えっ!?」と思いました。立憲主義というのは「どんな権力も制限されなければならない」という考え方ですから、特定の権力のあり方を正しいとする政党、つまり労働者階級の権力の全能性を主張する立場からすれば（「プロレタリアート独裁」は放棄されたとはいえ）、立憲主義の考え方は否定の対象だったんですね。そういう意味で、いまの状況は、自由民権運動以来の、日本における「立憲主義のルネッサンス」と言っていいかもしれません。

さて、近代立憲主義のエッセンスとして人権保障を挙げましたが、もうひとつは権力の分立です。君たちも「三権分立」は小学校のときに習ったと思いますが、そこで「なぜ権力を分けるんだろう、ひとつにまとめておいたほうが合理的なのに」とは考えなかった？

男子L　考えませんでした。

女子I　わたしも、三権分立の説明としては「互いに監視し合う」とか「権力が暴走しないために」といったことは習いましたが、「試験に出る」と言われたので覚えただけで、「なぜ？」という疑問は感じませんでした。

男子L　ぼくも「試験に出るなら覚えておくか」と（笑）。

男子G　ぼくは、三権分立に関しては、べつの疑問を持っていました。「日本は議院内閣制だから、内閣と議会は分立していないんじゃないのか？」と。それでも、裁判所・議会・内閣で「三権分立」ということだから、そのまま覚えましたけど。

「立憲主義」の視点

水島　なるほど。だいたい、わかってきました。君たちは、そうやって納得できない部分を残しながらも「試験に出るなら覚えておこう」という感じで高校まで勉強してきて、大学の法学部に入って、必修科目「憲法」の単位を取って、こうやって憲法ゼミにも出ちゃってるわけだな（笑）。では、最近、世のなかでは憲法改正について議論が盛んですが、君たちはこの状況を憲法ゼミの学生としてどう受け止めていますか?

女子F　わたしは「好ましい」と思ってます。以前、このゼミで発表しましたが、わたし自身、これまで立憲主義という観点では憲法を考えてこなかったことに気づきました。改正する・しないはべつにして、いまのように憲法が一般的な話題として上るようになれば、みんなも当然、憲法に対する理解が深まるし、その過程で意見交換も盛んになるんじゃないでしょうか。

水島　〝盛り上がり方〟については、どう感じますか?　いま、憲法のどの部分が話題になっているかというと、九六条ですよね。これは憲法改正の手続きを定めた条項で、たとえば九条をめぐる議論とは違って憲法の中身が問題になっているわけではない。現在の憲法が「各議院の総議員の三分の二以上の賛成」が必要としている憲法改正の発議を、過半数の賛成で発議できるようにハードルを下げるかどうかが、いま問題になっているわけです。つまり、立憲主義の核心部分と言えるでしょう。わたしは「立憲主義という観点から憲法を考える」という意味では、いまの状況はとても好ましいと感じています。先ほど言ったように最近、新聞を見ても「立憲主義」という言葉を頻繁に目にするようになったのは、九六条が問題になっているからでしょう。

ここまで、いろいろ質問してきてわかったのは、君たちのほとんどが高校を卒業するまでは立憲主義を知らなかったということ。そこで、もう一度、君たちに問い直しますが、君たちにとって憲法とはなんですか？

男子B 高校時代までは「憲法というのは法律の親分みたいなものかな」と考えていました。

女子F わたしの場合、法学部に入るまでは憲法というと自分からは遠い存在のように感じていたし、みんなと同じように「試験に出るなら」という感じで必要な箇所を暗記していただけでした。いまは、特にこのゼミのフィールドワークを通じて自分の身近にあるいろいろな問題と直結しているものなんだなと感じています。

女子M　わたしも、大学に入って判例を読んで、この社会で実際に苦しんでいる人たちがいることを知って、憲法が身近に感じられるようになりました。

水島　べつに憲法ゼミだからって、立派なことを言おうと思わなくていいよ（笑）。もう少し本音で。

男子L　ぼくにとっては、いまでも国家公務員試験の科目のひとつです（笑）。また、たしかに大学に入って憲法に関する知識は得ましたが、いまも身近なものだとは感じません。「法律と憲法は違う」「法律は国家が国民を統治するためのもので、憲法は国民が国家権力を暴走させないためのもの」ということは学びましたが、やはり実際の生活に関わる民法なんかのほうが身近に感じます。

政治家のパフォーマンス？

水島　まえに君たちにみせた『シリーズ憲法～第96条・国民的憲法合宿』（フジテレビ系『NONFIX』／二〇〇五年三月三〇日放映）というビデオを覚えていますか。ランダムに選ばれ保養所に集められた六人の市民に対して、改憲派の小林節・慶應義塾大学教授とわたしがそれぞれの立場で講義をして、その後は六人だけで二日かけて議論し、ひとつの結論を出すというあの作品です。そのなかに元自衛官で、いまは秋葉原でアイドルの追っかけをやっているという三〇代の若者がいましたね。彼が、「わたしはいま、憲法が生活の一部分にもひっかからない生活をしています」と言って、小林教授から、「たとえば北朝鮮だったらいまの君の生活は許されないと思う」とツッコミを入れられています。自分には憲法なんて無関係と主観的に思っていても、わたしたちの普段の生活というのも、いろいろと憲法に守られているんですね。

それから、昨日（二〇一三年五月一五日）、国会で平成二五年度の予算が成立しました。

この予算案は参議院では否決されましたが、憲法六〇条二項による「衆議院の優越」で成立したものです。それを報じるテレビのニュースを、わたしはたまたま、家で妻と一緒に見ていました。与党・自民党の石破《いしば》茂幹事長が出てきて「憲法の規定に基づき、憲法の趣旨に従って、予算が成立しました」と繰り返し、何度も「憲法」という言葉を使う。妻が「この人、よっぽど憲法が好きなのね」と言っていましたが、憲法改正を掲げている政党の幹事長でも、自分たちを正当化する材料となり得るときには憲法に寄り添うわけです。「いまの憲法は現実にそぐわない」と言っておきながら、自分たちの都合で利用するときには利用する。このあたりは、どう思いますか?

男子B　憲法って、親みたいなものかな。子どもに対してやさしいときもあれば、厳しく躾《しつけ》をするときもある。

水島　なるほど。国家権力を躾ける、と。そして、その国家権力が親に反発して、いま「国民を躾ける憲法」を作ろうとしている。でも、親は選べませんよ。そこのところは違うでしょう。

男子B　たしかに、憲法は国民が自分たちの意思で決められますね。

水島　どうでしょう、やはり「憲法とは、こういうものだ」と、ひとことで言うのは難しいし、自分との距離も状況次第で変わるものだと思います。意図的に憲法を否定したり利用したり使い分ける政治家でなくても、わたしたち一般国民でも、逮捕されたり不当な弾圧を受けたりすれば急に憲法というのが〝頼りになる存在〟に感じられるはずです。逆に普段の生活では、あまり憲法を意識していない、意識しなくても生活できるわけです。

二〇一一年二月、ひとりの女性が東京地裁に訴えを起こしました。この人はダウン症で、成年被後見人です。公職選挙法では成年後見人がつくと選挙権を失うとなっていましたが、この女性は「わたしも投票したい」「現在の公職選挙法は、すべての成人に選挙権を認めた憲法に反する」として訴えたわけです。そして、この三月一四日、東京地裁は彼女の訴えを認めて違憲判決を下しました。するとどうでしょう、一審の判決が出ただけで、最高裁まで争ったわけでもないのに、二カ月後には国会で各党が合意して成年被後見人に選挙権を認めないとしていた公職選挙法一一条一項一号が改正されました。

どうです、こう考えると憲法ってすごくないですか？

男子L　でも、それって政治家のパフォーマンスにすぎないと思います。

男子E　ぼくは違和感を覚えますね。これまで公職選挙法で成年被後見人に選挙権が認められていなかったのは、そういった人たちには「正常な判断ができない」と考えられていたからでしょう。また、だからこそ、たとえば経済面で詐欺にあって財産を奪われることのないよう、成年後見制度で保護されているんだと思います。さらに、権力の側の視点で言えば、そうやって誰かに身の回りの世話をしてもらいながら生きている人というのは、政治的にも特定の意見に影響を受けやすい面があるからでしょう。というような、これまでの公職選挙法の理由づけはどうなってしまうのか？　そういう違和感があります。

水島　うん、とてもいい意見だ。でも、そもそも「正常な判断」って、なんだろう？

男子E　ぼくは早生まれだから今年の三月に二〇歳になったばかりで、昨年一二月の総選挙にも投票できませんでした。子どもの頃からテレビで政治番組を見るのが好きで、〇五年の「郵政選挙」のときは中学生でしたが、〝小泉旋風〟に巻き込まれて投票するオバチャンたちを見ながら「可哀想《かわいそう》なおとなたちだな」と思っていました。ぼくに投票させてくれれば、もっと政治がよくなるのに、と（笑）。

選挙権が認められた一般の成人だからといって「正常な判断」ができるとはかぎらない

と思います。いっぽうで、未成年者は無条件で全員、選挙権がない。このことに関しては、もっと議論があっていいはずなのに、前に進む気配が感じられない。それも含めて、ダウン症の女性の訴えであっさりと公職選挙法が覆されたことには違和感を覚えるんです。

水島　その成年・未成年の話ですが、憲法一五条三項には「公務員の選挙については、成年者による普通選挙を保障する」とありますが、この〝成年〟というのは世界的に見れば「一八歳以上」がほとんどですよね。世界一八九カ国・地域中、一七〇カ国・地域が一八歳選挙権です（水島朝穂『18歳からはじめる憲法』法律文化社参照）。憲法改正案が国会で三分の二以上の支持を得れば国民投票になるわけだけど、〇七年に成立した憲法改正手続法（国民投票法）では投票できるのは「一八歳以上」となっています。いっぽうで公職選挙法は「二〇歳以上」のまま下げないという。これも違和感があるんじゃない？

男子L　安倍さんはフェイスブックをやっているし、大阪市長の橋下《はしもと》さんはツイッターをやっていますよね。そういう改憲を推進したい人たちはネットを使ってメッセージを発信しているから、ネット世代へのアプローチとして国民投票は「一八歳以上」に下げたんじゃないですか？

水島　それもあるでしょう。よし、だんだん議論が盛り上がってきましたね。次は、具体的に憲法九条の問題を考えてみましょう。

憲法改正の議論の前提として

この第一章にあたるゼミの議論で、わたしは学生たちに「憲法とはどういうものか?」「君たちにとって憲法とは?」といった問いかけを繰り返しました。また、その際、彼らは大学の法学部で憲法ゼミに参加している学生で、現在では憲法に関する専門知識を少なからず学んでいるので、大学法学部に入学する以前、つまり世間一般の人々と同じ程度の憲法意識を持っていたはずの高校時代までの認識について特に訊いていきました。なぜ、最初にこのような質問をしたかというと、憲法改正に関する議論をするなら、まず「憲法」を知らなければならないからです。どういうものかわかっていないものを、改正する・しないと議論しても、議論がまっとうな方向に進むことはありません。

ここでは「憲法は何のためにあるのか?」というところから考えていきたいと思います。

まず、一般にわたしたちが「憲法」と言うときに、そこにはふたつの文脈・意味が存在します。ひとつは、いつの時代、どのような体制の下でも国家権力とそれを行使する機関や、権力の行使の仕方に関するルールがある。これを「固有の意味での憲法」と言います。

もうひとつは絶対王政や封建的土地所有を否定した近代市民革命以降の「近代的意味の憲法」で、前者にはない特定の意図を持つものです。本書で言う憲法は、特別の場合をのぞき、この「近代的意味の憲法」を指しています。

「近代的意味の憲法」が持つ意図とは、まず人権保障です。つまり、国家権力を縛ることによって、個人の自由を守るという目的を持っています。また、権力が一カ所に集中していると、その権力が暴走したときに歯止めがかからなくなる危険があります。そこで、立法、行政、司法の権力を分立させて、互いに牽制《けんせい》させることも意図されています。「フランス人権宣言」（一七八九年）一六条がいうように、人権保障と権力分立こそが、近代立憲主義のエッセンスと言えます。

立憲主義というのは、学生たちとの議論のなかでも頻繁に出てきた言葉ですが、国の統治を憲法の規定に従って行う原理のことです。中世にも立憲主義の芽生えはあり、英国の「マグナ・カルタ」を挙げた学生もいました。「マグナ・カルタ」は一三世紀にイングランドのジョン王が諸侯やこれを支援する都市商人たちの要求に応じて与えた勅許状で、国王の専制に対する制限が定められていますが、封建制維持のためのものです。それでも、王権の濫用を抑制して、「法の支配」の優位を主張する歴史の流れを作ります。ちなみに英国では、世界でもめずらしく、他の国にあるような統一的な成文憲法（典）がありません。しかしこれは英国には憲法がない、ということではなく、裁判所による判例法や、議会の慣習、一九九八年人権法などの重要な立法が、英国の「不文」憲法とでも言うべきものを形作っています。

近代市民革命を経て立憲主義という理念が登場した背景には、民主制が確立されていったことが挙げられます。民主制の下で自らが権力を担う立場となった市民は、民主的な権力であっても暴走する危険性があると考え、「人権保障」と「権力分立」を意図する近代立憲主義を掲げるようになったのです。その意味で、近代立憲主義は市民政治の歴史が生んだ人類の偉大な叡智《えいち》と言うことができるでしょう。

参院選前の日本記者クラブにおける討論会（二〇一三年七月三日）で、安倍首相は立憲主義について、「『憲法というのは権力を縛るものだ』という側面はあるが、いわばすべて権力を縛るものであるという考え方は、王権の時代、専制主義的な政府に対する憲法という考え方であって、今は民主主義の国家である」と答えていますが、前述したように、民主主義の時代だからこそ、近代立憲主義が求められるのです。この点を強調しておきたいと思います。この立憲主義の視座で考えれば、「憲法を守らなければいけないのは、国民ではなく国家である」ということも見えてきます。この点が憲法と一般の法律との違いでもあります。学生のなかにも「高校時代までは憲法は〝法律の親分〟みたいなものと考えていた」という人がいましたが、これは最初にも書いたように世間一般の認識と重なるものでしょう。

違憲審査制と民主制の緊張関係

立憲主義の理念、その力が一般にもわかりやすい形で現れるのは、裁判所による違憲判決です。ゼミの議論では公職選挙法の一一条一項一号に触れていますが、日本の最近の例をほかにも挙げるとすれば「一票の格差」をめぐる裁判があります。二〇〇九年の衆院選、二〇一〇年の参院選に対し、最高裁が「法の下の平等」を保障した憲法一四条一項に反するとして「違憲状態」の判断を下しています。

このように国が定めた法律や制度であっても、裁判所が憲法に照らし合わせ、違憲であると判断すればそれを改めるよう命ずる制度を「違憲審査制」と言います。近代立憲主義は、この違憲審査制によって担保されると言っていいでしょう。

違憲審査制はアメリカで生まれたもので、一八〇三年の「マーベリー対マディソン事件」における合衆国最高裁の判決によって成立したとされています。

いっぽう、この当時のヨーロッパでは議会中心主義の考え方が支配的で、国民の選んだ議会が決めた法律を、国民が選んだわけでもない裁判官が「違憲・無効」という判断を下すことに懐疑的でした。フランスの第三共和制期（一八七〇〜一九四〇年）においては、裁判所による違憲審査の発想そのものを否定していたほどです。

しかし、二〇世紀に入るとヨーロッパでも違憲審査制、つまり「立憲主義を徹底させるためのシステム」が次第に受け入れられるようになり、一九二〇年に制定されたオーストリア憲法が「憲法裁判所」の設置を規定したのをきっかけに主流の考え方・制度として定着していきます。現在では、立憲主義、ひいては憲法の価値を担保するのは、裁判所による違憲審査制であると言って過言ではありません。しかし日本の最高裁はずっと違憲審査権の行使に極度に慎重（「消極的」）な態度をとってきました。

長沼ナイキ基地訴訟

二〇〇七年八月、わたしたちは北海道でゼミ合宿を行いました。帯広市長、アイヌ関係団体、食料自給問題のＮＰＯ、自衛隊関係者などに取材を行い、話を聞いた相手は延べ八一人にも及びました。そして、この合宿の期間、北海道の美しい自然に抱かれながら、わたしは四〇年前のある裁判を思い出していました。

一九六九年七月、地対空ミサイル「ナイキＪ」を配備するため、当時の農林大臣が北海道夕張郡長沼町の国有保安林の指定を解除する処分を行ったのに対して、周辺住民がその取り消しを求める行政訴訟を起こしました。住民の主張は、ミサイルの配備が憲法前文で「われらは、全世界の国民が、ひとしく恐怖と欠乏から免かれ、平和のうちに生存する権利を有することを確認する」として保障された平和的生存権を侵すというもの。これに対し、国は、ミサイル施設の設置には公益性があり、原告住民には保安林指定解除処分の取り消しを求める「訴えの利益」がないなどと主張して争いました。世にいう「長沼ナイキ基地訴訟」です。

一九七三年九月七日、一審の札幌地裁・福島重雄裁判長は自衛隊を憲法九条二項に違反すると判断し、原告住民の訴えを認める判決を下しました。自衛隊については一九六七年、同じ札幌地裁が憲法判断を回避する判決を下していた例もありました（恵庭《えにわ》事件）。それだけに、自衛隊に対して正面から実体判断を行って法令違憲とし、平和的生存権を認めた福島裁判長の判断は、当時、法学部の二年生だったわたしにとって強く印象に残るものだったのです。

この「長沼ナイキ基地訴訟」はその後、二審の札幌高裁が一審の判決を覆し、最高裁は自衛隊の憲法審査を回避して上告を棄却するという結果に終わりました。なお、当時の福島裁判長に加えられた圧力や日本の違憲審査制の問題点は、福島重雄・大出《おおで》良知・水島朝穂編著『長沼事件　平賀書簡／35年目の証言』（日本評論社）で詳細に分析・検証しています。そしてこの本が出る一年前には、高裁段階で、イラクでの航空自衛隊の活動に対して違憲の判断が出されました（自衛隊イラク派遣訴訟・二〇〇八年四月・名古屋高裁）。

また、違憲といえば先に述べたとおり、憲法一四条一項の「法の下の平等」に反する「一票の格差」に関しても、二〇一三年七月二一日の参院選の翌日に弁護士のグループが最大で四・七七倍の格差があったとして全国一四の高裁本庁・支部に選挙の無効を求めて一斉提訴を行いましたが、過去にはさらに大きな格差が存在した場合でも「合憲」の判断が下された例が多くあります。たとえば八六年の参院選では、最大で五・八五倍もの格差があったにもかかわらず最高裁は「合憲」の判断を下しました。そして現在も国会の「違憲状態」は続き、その国会で憲法改正の議論が始まろうとしているのです。

近年、最高裁は、議員定数訴訟をはじめさまざまな訴訟で違憲審査権に対する「微妙な積極性」を示しています。「最高裁は変わったのか」という点については、水島朝穂・金澤孝編『憲法裁判の現場から考える』（成文堂）を参照してください。

憲法改正のためにも求められる「厳格さ」

違憲審査制という「立憲主義を徹底するためのシステム」については、たとえばドイツと日本を比べた場合、より厳格なのはドイツです。ドイツには、日本には存在しない「憲法裁判所」があります。日本の最高裁が下した立法に対する違憲判決は、ようやくふた桁《けた》に届こうとする程度ですが、ドイツの憲法裁判所は五〇〇件以上の違憲判決・決定を下してきました。前述のように二〇世紀初頭までのヨーロッパでは議会中心主義の考え方が支配的だったのですが、ドイツもヒトラー政権によってヴァイマール憲法が合法的に毀損《きそん》された苦い経験（第二章で詳述します）を経て、戦後の一九四九年に制定した憲法（基本法）で憲法裁判所の設置を規定したのです。

違憲審査制は、このドイツのような憲法裁判所（抽象的規範統制）と、アメリカのように司法裁判所が個別の具体的な事件を通じてのみ憲法判断を行う付随的・具体的違憲審査制にシンプルに大別されることがあります。また、フランスの憲法院のように政治機関が行う特殊な例もありますが、日本はアメリカ型の付随的違憲審査制であると認識されています。

憲法改正の議論をする際に「戦後の日本が一度も憲法改正をしていないのはおかしい」と言う人がいます。そして、同じく第二次世界大戦の敗戦国であるドイツ（旧西ドイツ時代を含む）を引き合いに出し、「ドイツは五九回も改正している」と回数だけを指摘して「だから、日本も憲法を改めるべきだ」という論に持っていこうとします。しかし、既述のようにドイツには憲法裁判所という立憲主義を徹底し機能させるための機関が存在し、実際に日本とは比べものにならないほど政府に厳しい判決を下している現実があって、それを前提に基本法の改正を行っているのです。しかも「人間の尊厳」の不可侵や民主制、法治国家、連邦制などの基本原則の改正を禁止しています（基本法七九条三項）。五九回（直近の二〇一二年七月改正）という回数だけを問題にするのは表面的な議論であり、憲法や立憲主義というものを十分に理解しているとは言えないでしょう。

第一章のゼミの議論では「正常な判断とはなにか？」ということも話し合われました。繰り返しになりますが、立憲主義とは憲法の基本理念であり存在理由です。つまり、憲法を原点に立ち返って考えようというときに必要になるもので、そのエッセンスとなっているのは「人権保障」と「権力の分立」です。わたしに言わせれば、憲法裁判所の存在を度外視してドイツと日本の憲法改正の回数を比較する人こそ、正常な判断のために必要な正確な認識を有していないように思えます。

改憲議論が高まっている現在こそ、憲法に対する正確な理解を持つことが求められています。

次の第二章で、学生のひとりが『ジョニーは戦場へ行った』という映画の話をしています。わたしも映画は大好きで、本書に収録されているゼミを行った少しまえにスティーヴン・スピルバーグ監督の『リンカーン』という映画を見てきました。ご存知のように、アメリカ合衆国・第一六代大統領エイブラハム・リンカーンは「奴隷解放」を行った人物です。具体的には合衆国憲法修正一三条のために努力したのですが、映画ではこの修正条項のために活動するリンカーンの姿が描かれています。議会の承認を得るために、ひとりひとり議員を訪ねては説得し、多数派工作を行うのです。映画のなかでは、この多数派工作のために権謀術数をめぐらせたアメリカ政治らしいロビイングも描かれているのですが、それでも、わたしはリンカーン個人の姿、奴隷解放を実現するための憲法修正にかける情熱に感動を覚えました。憲法を変えるためには、ここまでやらなくてはならない。ひとりひとりに語りかけ、必要性を説明する労を惜しんではいけない。そのことを改めて、この映画を通じて教えられた気がします。

ちなみに、六本木の映画館で『リンカーン』を見た安倍晋三首相は、鑑賞後、記者団に対して次のようにコメントしたそうです。

「つねに指導者は難しい判断をしないといけないということだ」

奴隷を解放し憲法上の権利を拡大しようとしたリンカーンと、国防軍を創設し、海外で危険な軍事行動に国民を従事させるために、憲法改正の発議要件を「三分の二以上」から「過半数」に引き下げ、改正を容易にしようとしている安倍首相とは、改正の中身も手法もあまりに違いすぎますが、首相にはリンカーンの行動はどう映ったのでしょう。

第二章　自衛隊と国防軍、違うのは名称だけではない？

【資料②】
読売新聞・全国世論調査「憲法」(同前)

Q 戦争を放棄し、戦力を持たないとした憲法第9条をめぐる問題について、政府はこれまで、その解釈や運用によって対応してきました。あなたは、憲法第9条について、今後、どうすればよいと思いますか。

- これまで通り、解釈や運用で対応する: 39%
- 解釈や運用で対応するのは限界なので、憲法第9条を改正する: 39%

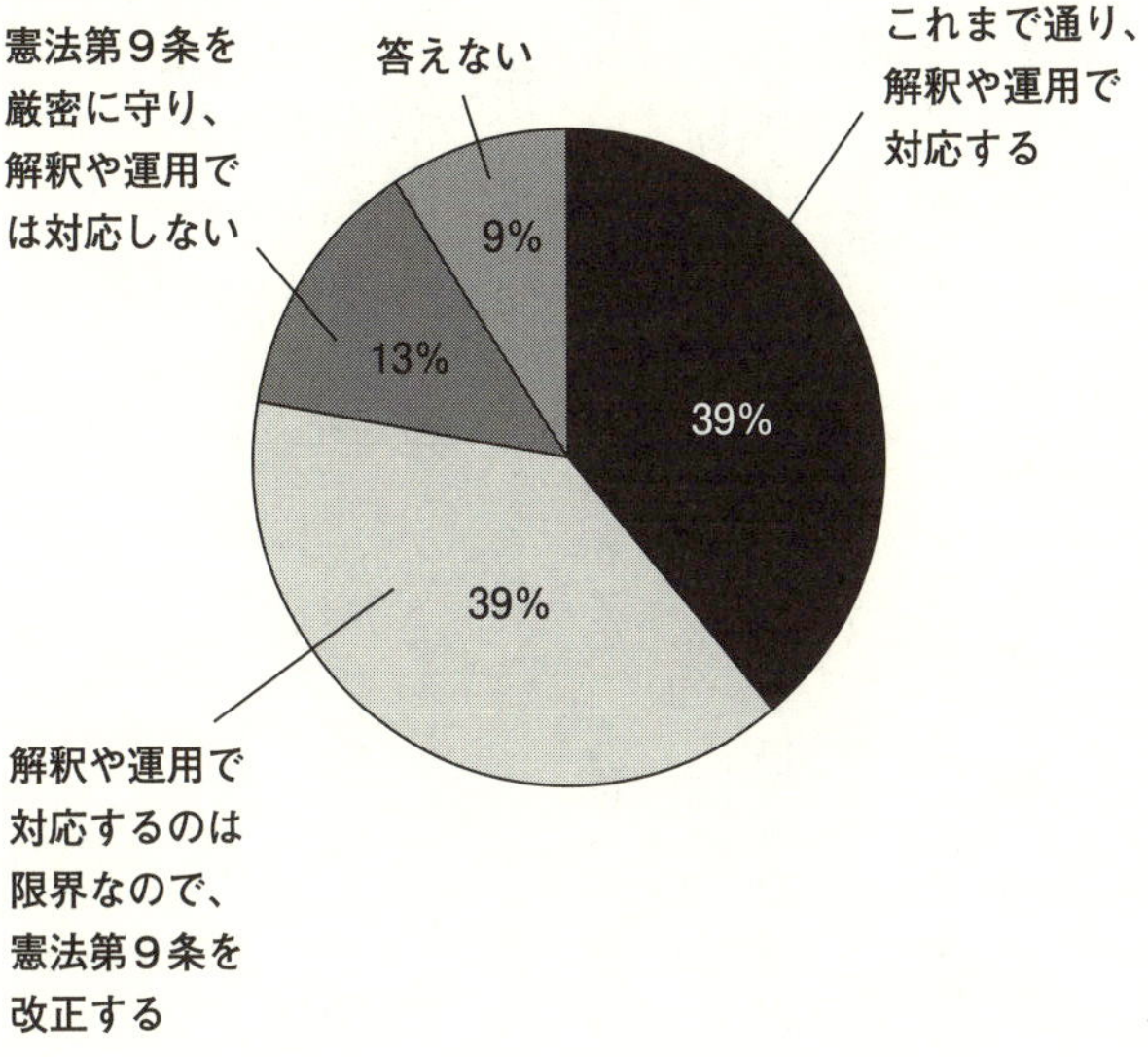

憲法は何でも変えていいのか

水島　「憲法を変えよう」というときの議論で、いちばん大切なのは憲法改正の中身です。少なくとも先進国と呼ばれる国では、まず憲法の人権条項に制限を加えるような改正はしません。それを含めて、憲法の根本的な性格まで変えてしまうような改正はあり得ません。

これを憲法の「改正限界」といいますが、平和主義・人権・主権に関しては、大抵の国は改正限界に入れて、そこには手をつけない。それを知ってか知らずか、一部のジャーナリズムは「同じ敗戦国であるドイツは戦後、五九回の憲法改正を行っている。日本が一度も変えていないのはおかしい」と回数だけを取り上げて言っていますが、ドイツのようにEUに加盟すれば、そこでの手続きのために憲法改正が必要になるのは当然です。そこに欠けているのが「どう変えるのか」、また「なには変えられないのか」という改正の具体的中身に関する議論なんです。

で、日本国憲法九条。この平和主義を謳《うた》った条文の改正に関して、読売新聞の行った世論調査（資料②／六三頁）では次のようになっているわけです。

「これまで通り、解釈や運用で対応する」が三九％、「解釈や運用で対応するのは限界なので、憲法第九条を改正する」が同じく三九％、「憲法第九条を厳密に守り、解釈や運用では対応しない」が一三％。「答えない」が九％です。

これは、いちばん最初にも言ったように、設問に問題があります。「憲法第九条を厳密に守り、解釈や運用では対応しない」という問いかけには、以前にゼミで話したと思いますが、二〇一〇年に内閣府が行った死刑制度の是非をめぐる世論調査の「どんな場合でも死刑制度は廃止すべきである」という問いと同じ〝言葉のトリック〟が存在します。「どんな場合でも」と言われれば、人は悲惨なケースを想像しようとします。死刑制度の是非に関する問題は本来、まずジェネラルな視点で考えるべき問題だし、これも最初に話し合ったように一般的にこういった世論調査の設問は「漠然としすぎている」のに、ある箇所では具体的に悲惨な例を想像させ、意図的に回答を誘導するような仕掛けをしている。この「憲法第九条を厳密に守り、解釈や運用では対応しない」という設問も「厳密に」を削って、単に「憲法第九条を守る」という言葉に変えたら、調査の結果は違うものになったでしょう。

そして「解釈や運用では対応しない」という文言を「憲法第九条を守る」という設問に加えることで、「これまで通り、解釈や運用で対応する」と答えた人は第九条は守らない、つまり改正するほうに賛成なんだとカウントされてしまい、この設問を考えた読売新聞の調査結果に対する解釈は、「これまで通り、解釈や運用で対応する」と「解釈や運用で対応するのは限界なので、憲法第九条を改正する」を併せ、〝計七八%が九条の改正に賛成〟というものにもなり得るわけです。

これは数字の読み方の問題で、「これまで通り、解釈や運用で対応する」を「憲法第九条を厳密に守り、解釈や運用では対応しない」と併せて、〝計五二%が九条を守ることに賛成〟という見方もできます。

さて、この憲法九条をめぐる問題、君たちはどう考えますか？　まず「国防軍の創設」に賛成の人は手を挙げてください。……ゼロですね。では「自衛隊は憲法違反だ」と思う人は？　……五人（二九分の五）いますね。

男子D　「違憲だから自衛隊をつぶせ」とまでは言いませんけど、憲法九条との整合性で言うと、まず、いまの自衛隊は「自衛のための、最低限の」と言っているわりには予算を使いすぎだと思います。「そんなカネがあるなら、もっとべつのことに使えばいいのに」という気持ちもあるし、いまの自衛隊は憲法で「戦争放棄」と「戦力の不保持」を言っておきながら戦車も持っているし、立派に戦争のできる普通の軍隊だと思います。憲法が守られているかというと、非常に疑問ですね。

水島　つまり、認識論として「自衛隊の組織も装備も軍隊に違いないではないか」ということですね。今度は手を挙げなかった二四人（二九分の二四）に訊きましょう。君たちは胸を張って「自衛隊は合憲である」と言えますか？　おっと、いまの「胸を張って」というのは、さっき言ったのと同じ〝言葉のトリック〟ですが……さすがに「合憲である」という人はいませんね。では「どちらとも言えない」という選択肢があったら？　……やはりこれが多い。つまり、このゼミの意見をまとめると「自衛隊が合憲か違憲かには疑問が残るが、国防軍の創設には賛成しない」ということですね。

男子B　読売新聞は「憲法第九条について、今後、どうすればよいと思いますか」と訊いていますが、現実には「憲法をどうするか」という問題とはべつに「自衛隊をどうするか」という問題があって、本当ならこんな単純な問いかけはできないはずです。

国防軍を創設すれば解決するのか?

水島　そうですね。さっき「自衛隊は合憲である」と言える人がいなかったように、政府はこれまで内閣法制局の解釈を採って「自衛隊は通常の観念で考えられている軍隊とは異なる」と言ってきましたが、解釈論ではなく認識論で見れば明らかに軍隊なわけです。だから、現実の問題に対して正しい問いかけをするなら「自衛隊を国防軍にすれば、それで解決するんですか?」と訊くべきでしょう。いま、現実と憲法が乖離《かいり》しているから、現実に合わせて憲法を変えるのか?　そう考えると、問われているのは憲法の規範力ということになりますね。

男子E　たぶん、みんなが自衛隊の合憲性については疑問を残しつつも「国防軍の創設には賛成しない」と考えるのは、憲法を改正してはっきりと軍隊というものを認めてしまえば、現在の自衛隊にはない軍法会議というものも行われるようになるからだと思います。そこのところは、ぼく自身もまだ十分に勉強できていないし、社会的にも議論がし尽くされていない状況ではないでしょうか。

女子F　憲法九条をどう見るかというと、まえに出た「高校までにどんな憲法教育を受けてきたか」ということと関わってくるんですけど、最初に九条について教えられたときに、わたしは「でも、現実には自衛隊があるじゃない?」という違和感を覚えました。そして次に、その自衛隊に関して「こういう憲法解釈でやっている」ということを知ると、やはり言い訳めいたものに感じてしまう。たぶん、これはみんなも同じだと思います。

男子G　東日本大震災のとき、自衛隊が災害救助の面で活躍しましたよね。ああいう映像を見ると、自衛隊の存在に意義を感じます。それを、〝軍〟という文字をつければ多くの人が反発するのがわかっていながら、なぜ、わざわざ「国防軍の創設」ということを言うのか。そこのところも、どうも理解できない。

男子H　ぼくは、ひとことで言って「ややこしいな」と(笑)。しかし、では、なぜ「ややこしい」のかと考えると、この憲法九条が作られたときには、まだ自衛隊はなかったわけで、その時点ではややこしくなかった。

水島　憲法の公布されたのが一九四六年で、自衛隊の前身である警察予備隊がＧＨＱの指令によって創設されたのは五〇年ですね。

男子Ｈ　はい。先ほど先生が「問われているのは憲法の規範力だ」とおっしゃいましたが、警察予備隊創設の時点で違憲判決を下すまではいかなくても、なぜ、もっと憲法議論がされなかったのか。そこが非常に疑問というか、残念ですね。当時の日本は占領下にあったわけで、ＧＨＱが「作れ」といったものを拒むのは難しかったのかもしれませんが、そこでこそ「憲法の規範力」が問われたと思います。だから、いまになって自衛隊が憲法の条文にそぐわなくなったと言うのはおかしいし、その憲法を「アメリカに押しつけられたものだから」という理由で変えようと言うのも的外れだと思います。歴史を見れば、自衛隊だってアメリカに押しつけられたわけですから。

男子Ｅ　Ｈ君の言うように、国内だけを見れば憲法九条と現実の乖離は警察予備隊創設の時点からあったわけで、たしかに突然、降って湧いた問題ではないと思います。ただ、いま「国防軍を創設しよう」と言っている背景にはＰＫＯなんかの海外派遣の問題があるからでしょう。国内ではなく国外の事情。

男子H　さらに、ややこしくなったわけか（笑）。

水島　いまのE君の意見に関連してだけど、じつは最近、世界的には「国防軍」という言い方はされなくなってきているんです。アウト・オブ・トレンド。というのは、国防軍という言葉が意味するところは領土・領海・領空を守るということですが、グローバル化で軍隊の仕事・役割が変わってきたからです。たとえばEUの加盟国では、国防軍を解散してEUの武装組織を作ろうという動きがあります。二〇〇八年からEUがソマリア沖の海賊鎮圧のために行っている「アタランタ作戦」などは、その代表例ですね。これはもう、国防ではありません。そんななか、日本は時代に逆行する形で「国防軍創設」と言っているわけです。

若者に殺し合いをさせる民主主義

男子N　ちょっと憲法の議論からは離れるというか、『ジョニーは戦場へ行った』という映画の話なんですけど、いいですか？

水島　え!?　あれは君たちが生まれるまえの映画でしょう。このゼミで見た人がいるとは驚きだ。ジョニーが第一次世界大戦の戦場で目・鼻・口・耳、さらに両腕・両脚を失って帰ってくる、という話ですね。

男子N　はい。そのジョニーの子どもの頃の回想シーンで、お父さんに「民主主義ってなに？」と訊くんです。すると、お父さんは「若者に殺し合いをさせるためのものだ」と答えます。この映画を見て考えたのは、まず「もし、戦争が起きたら、自分は戦場に駆り出される当事者になる」ということ。そして選挙権を持っている人のなかで戦場に行く若者というのは、特にいまの日本では少数派じゃないですか。まして、ベトナム戦争で死んだアメリカ兵の平均年齢は一九歳だったという話を聞いたことがありますが、日本では一〇代に選挙権は認められていないし。そう考えると、憲法九条というのは少数派を守るためにあるんじゃないかと思いました。

水島　なるほど。一八歳から二〇代半ばまでの青年男子という「少数者の個々人」を守るためのもの、と。いや、驚いた。『ジョニーは戦場へ行った』という映画は、わたしがちょうど君たちぐらいの年齢のとき、学生時代に見たんだけど。そんな台詞《せりふ》があったことはすっかり忘れていました。それにしても、いまのN君の視点はとても面白い。非常に重要なことを言いました。まず、この憲法九条の問題は君たち、特に男子にとっては、まさに自分たちに関わる問題です。憲法を「遠いもの」と感じてはいられない。そして「憲法は少数派に属する個々人を守るためにある」という意見、これはその通りです。はっきり言ってしまえば、多数者は憲法で守ってやる必要は必ずしもないのです。そもそも多数者は強いものだし、彼らは憲法の核心である立憲主義によってではなく民主主義で守られているから。

では、その民主主義とはなにか。この質問にジョニーの父親が答えたわけだけど、これもその通りで、フランス革命以来、国民皆兵、つまり一般兵役義務の制度というのは民主主義の根幹なんです。税金を払うことと同じく、国を守るのは国民の義務であり、それが民主主義を支えるという考え。戦後、一九五六年に当時の西ドイツが徴兵制を復活させたときには、テオドール・ホイス大統領が「徴兵制は民主主義の子である」ということを言っています。

これに対し、宗教的理由や個人的信条から兵役を拒否した人は第二次世界大戦中の日本にもいたし、世界的にもたくさんいますが、そうではなくて、憲法の規範力として軍隊を否定したのが日本国憲法なわけです。つまり、ジョニーの父親が言った「若者に殺し合いをさせるためのシステム」である民主主義への修正案が、日本の憲法九条だという見方もできるでしょう。

日本の場合、国民主権は憲法で規定されていますが、同じく憲法が規定している平和主義は、必ずしも民主主義によって実現できるものではありません。多数者が戦争を望んだらどうなるか、ということです。さっきH君が「警察予備隊が創設された五〇年の時点から、すでに現実と憲法は乖離していた」と言いました。また、G君は「自衛隊の災害救助には意義を感じる」と言いましたが、自衛隊はやはり日本の憲法の平和主義の下で、なんとか整合性を保とうとしてやってきたんですね。その結果、特異な環境のなかで独自の進化を遂げた生物のようになったわけです。普通は、軍隊というのは第一に国家を守るものであって、二の次にされる人命を守るためのものでは必ずしもありません。だから、国内では仕事をしない。ところが自衛隊は、普通科連隊の一個中隊が消防庁のハイパーレスキユー部隊と同じ装備を持って、国内の人命救助にあたります。

こういう部隊がある軍隊は、世界でほかにはありません。それを国防軍という普通の軍にしてしまったら、自衛隊の特殊性、ガラパゴス的な要素はすべてなくなってしまうわけです。君たちが読んでくれたかどうか、わかりませんが、わたしの編著『きみはサンダーバードを知っているか』(日本評論社)という本は、こういった自衛隊の特殊性、人命救助・災害救助の機能を世界にも広めようという趣旨で書いたものです。サンダーバードというのは、むかし日本でもテレビ放映されていた英国の人形劇で、国境を超えて人命救助を行う究極の民間(富豪家族で運営しているので)国際救助組織です。

しかし、国防軍創設に賛成という人がここにいないと議論にならないな。誰か、安倍内閣の閣僚になったつもりで、国防軍の創設に賛成の立場で、その必要性を説いてみてくれませんか。E君、どう?

男子E　う~ん……。

水島　たしかに自衛隊の存在は憲法上、無理がありますが、では憲法を変えて国防軍にしようとなったとき、どっちのデメリットが大きいか。自衛隊は、いまの状態で半世紀以上やってきたが、まだ他国に対して武力行使はしていない。イラクの「戦場」に自衛隊を一〇次隊まで送ったが、ひとりも死ななかったし、殺さなかった。サマーワの宿営地に迫撃砲弾が何度か着弾したけれど、人のいない場所ばかり。最近、朝日新聞特派員がイラクの武装勢力の指導者にインタビューしてわかったことですが（朝日新聞二〇一三年三月一七日付）、サドル師派は「自衛隊は米軍主導の多国籍軍に加わっており、占領軍であることは明白」だが、「州での（自衛隊の）活動は我々に敵対的ではない」として、武力攻撃はしないことで合意した。この指導者は「武装部門が組織的に攻撃していれば、自衛隊員に死者が出ていただろう」と語ったそうです。

これが、自衛隊ではなく国防軍だったらどうでしょう。イラクに派遣された隊員から死者が出ていた可能性が高いと思います。じつは、いま、自衛隊の内部からも、この「国防軍になったときのデメリット」を懸念する声があがっているようです。

さて、次のテーマは、まず水島ゼミの名物、班ごとに分かれて討論する〝島ディスカッション〟をやってから、全体で議論することにしましょう。もっと活発に、君たちの意見が出てくるはずです。

憲法の「改正限界」について

この章の議論では、まず憲法の「改正限界」という問題に触れています。「改正限界」とは、なにか。簡単に解説したいと思います。

憲法改正に関する議論では、憲法に定めた手続きによる限りその内容については制約を加えない、つまり〝なんでもあり〟という「無限界説」も存在します。これに対して、憲法に定めた手続きを踏んでもなお、憲法の「同一性」「基本原理」を損なうような改正は許されないとするのが「限界説」です。

ゼミの議論でも紹介しましたが、ドイツ基本法は直近の改正（二〇一二年七月）で五九回になります。しかし、七九条三項で「人間の尊厳」の不可侵、民主制、法治国家、連邦制などの重要な憲法原則については改正の対象にならないと定めています。これが、明文化された憲法の改正限界です。フランスも現在の第五共和国憲法八九条五項で「共和政体は改正の対象とすることができない」と定めています。現在、一般に支持されているのは「改正限界説」と言えます。

では、なぜドイツの憲法は、このような改正限界を設けるようになったのでしょうか。そこには、ヒトラー独裁によるナチス政権の暴走を許し、国と全世界を大いなる悲劇に導いてしまったという「ヴァイマール憲法の教訓」が活《い》かされています。

一九一九年八月、第一次世界大戦での敗戦の翌年にドイツで制定されたヴァイマール憲法は、一五カ条もの「社会権」条項を盛り込み、憲法上の権利の保障という点では当時の最先端とも言える憲法でした。社会権というのは、憲法上の権利のなかでも「生存権」「教育を受ける権利」「労働基本権」などを指し、二〇世紀的人権とも呼ばれるものです。しかし、このヴァイマール憲法は、その存続と安定を図る「憲法保障」の点で、改正限界という考え方を採らずに「憲法の番人」に委ねられていました。当時の憲法学者カール・シュミットは、大統領が「憲法の番人」であると主張しました。そして一九三三年一月、「憲法の番人」パウル・フォン・ヒンデンブルク大統領がヒトラーを首相に任命するのです。すぐにヒトラーは国会議事堂放火事件を起こし、政府が法律を制定することができ、かつその法律は憲法に違反できると公然と定める「全権委任法」（授権法）を強引に成立させ、ヴァイマール憲法を葬り去るのです。

このような流れを踏まえ、戦後の日本という国の性格・行動原理を規定してきた憲法九条は改正限界に含まれるというのが、わたしの考えです。つまり、九条を改正することは、日本が憲法の改正限界という考え方を採らないことを意味します。それは、憲法の本質は権力の暴走を抑制することにあるとする立憲主義の理念からすれば非常に疑問であり、かつてヴァイマール憲法がたどったのと同じ悲劇をもたらす危険をはらんだものだと言わなければなりません。

憲法九条の歴史的位置

日本の憲法九条がどういう性格のものであるか、ここでもう少し踏み込んで考えてみたいと思います。九条には一項と二項があり、以下のように記されています。

第一項　日本国民は、正義と秩序を基調とする国際平和を誠実に希求し、国権の発動たる戦争と、武力による威嚇又は武力の行使は、国際紛争を解決する手段としては、永久にこれを放棄する。

第二項　前項の目的を達するため、陸海空軍その他の戦力は、これを保持しない。国の交戦権は、これを認めない。

よくいわれるように、第一項で「戦争放棄」、第二項で「戦力の不保持」を謳っています。しかし、本書の第一章で「憲法とはなにかを理解していなければ改憲の議論は進められない」と述べましたが、日本で九条改正を求める声の大きさに対して、この条文の内容や意味の正確な理解が追いついているかというと疑問が残ります。というのは、その理解には「そもそも憲法で戦争や平和について定めるとは、どういうことなのか」を考えることが必要になるからです。そして、それを理解すれば、この日本国憲法九条には、戦争と平和をめぐって人類が多年にわたって続けてきた法的営みのエッセンスが凝縮されていることがわかるのです。

歴史的に見て、一般に憲法が戦争について規定してきたのは、その開始や終結の権限が誰にあるのか、あるいはその手続きといったことでした。そこに一七九一年、「征服の目的でいかなる戦争も企図することをも放棄し、かつ、その武力をいかなる人民の自由に対しても使用しない」と規定したフランス憲法が登場します。つまり、憲法が特定の戦争を禁止するという厳しい制約を加え、「戦争の形」にまで立ち入るようになったのです。

その後、二〇世紀に入ると、戦車・航空機・毒ガスの大量殺戮《さつりく》型新兵器の三点セットが登場し、この「戦争の形」を一変させます。一九一四年に始まった第一次世界大戦は総力戦の様相を呈し、人類にかつてない災禍をもたらしました。その教訓を経て一九一九年に発足した国際連盟が定めた規約、また一九二八年のパリ不戦条約などで、戦争は「違法なもの」として扱われるようになります。さらに、その影響を受け一九三一年に制定されたスペイン憲法、一九三五年に制定されたフィリピン憲法などでは「国家の政策の手段としての戦争」を放棄するようになりましたが、ここでは「自衛のための戦争」は放棄されていませんでした。

その結果、当時のブロック経済を背景として、各当事者が「自存、自衛の戦争」を掲げて始まったのが第二次世界大戦です。これが第一次世界大戦以上の災禍をもたらしたのはご承知の通りですが、人類はここからさらなる教訓を得ます。一九四五年に批准された国際連合憲章では「武力による威嚇又は武力の行使」が加盟国に一般的に禁止され、自衛権のあり方についても厳格な制約を加えました。また、敗戦国となったドイツ、イタリアも戦後の憲法に平和条項を設けますが、それらは侵略戦争だけを放棄するものでした。そんななかで日本国憲法だけが、その条文を見れば「自衛のための戦争」をも放棄する、徹底した平和主義を掲げた憲法として誕生したのです。

ここまでの歴史を考える上で大切なことは、まず「人間は戦争によって教訓を得る」ということです。そして、第一次世界大戦という教訓を経て制定された国際連盟規約、パリ不戦条約なども第二次世界大戦を抑止するには十分でなかった点を忘れてはいけません。第一次世界大戦を経て広まった「自衛のための戦争をのぞく戦争の放棄」という規範は、第二次世界大戦という「自衛のための戦争」の抑止力となり得なかったのです。ここから、今後の世界が戦争という災禍を回避するために真に求められる規範は、日本の憲法九条をおいてほかにないと言うことができるでしょう。そして、この理解なくして憲法九条の改正を議論することはできないのです。

ヒロシマ・ナガサキと憲法九条

もっとも、"解釈"としては日本の憲法九条も「自衛のための戦争まで放棄したものではない」という考え方が存在することは付言しておく必要があるでしょう。しかし、一九四六年六月二六日の衆議院で当時の吉田茂首相は、憲法九条に関して次のように述べています。

「戦争放棄に関する本案の規定は、直接には自衛権を否定はしておりませんが、第九条第二項において一切の軍備と国の交戦権を認めない結果、自衛権の発動としての戦争も、また交戦権も放棄したものであります」

また、憲法九条が生まれた背景に、戦争の加害国としての反省と、もうひとつ、日本が第二次世界大戦で経験した二発の原爆投下によるヒロシマ・ナガサキが深く関係していることも見逃せません。核兵器の使用は「自衛のための戦争」で守ろうとしたものまでも結果的に壊滅させてしまう。その圧倒的破壊力のまえには「守るべき」国境も国民も消え去り、戦争の「手段」が戦争の「目的」そのものを破壊してしまう。こうして、現在の世界の「戦争と平和」を考えるときに看過できない核兵器の存在は、「自衛のための戦争」という論理を自己矛盾に陥らせます。そして、このことを唯一の被爆国として身をもって経

83　第二章　自衛隊と国防軍、違うのは名称だけではない？

験している日本だけが、一切の軍隊・戦力の保持を禁止して、「自衛のための戦争」をも放棄する〝突き抜けた平和主義〟を憲法で掲げるに至ったわけです。このことは憲法九条改正の議論を始める際に不可欠な認識と言えるでしょう。

集団安全保障と集団的自衛権はどう違うか

読売新聞の世論調査には、集団的自衛権に関する問いも設けられています。「日本と密接な関係にある国が武力攻撃を受けたとき、この攻撃を、日本の安全を脅かすものと見なして、攻撃した相手に反撃する権利を『集団的自衛権』と言います」と説明をした上で、その行使についての意見を求めていますが、たしかにこの「集団的自衛権」に関しては一般に正しい理解がされているか、疑問が残ります。

読売新聞の説明は間違ってはいないのですが、国連の「集団安全保障」と混同している人も少なくないのではないでしょうか。この集団安全保障というのは、国連の安全保障理事会が中心となって、加盟国に対する武力攻撃などの協定違反を犯した国に対して、加盟国が集団で制裁等を行うための国際的な枠組みのことです。国連軍による軍事的強制措置

（国連憲章四二、四三条）という切り札がありますが、じつはこれはいままで使われたことがありません。これに対して集団的自衛権は、自国と同盟関係にある国が攻撃を受けた場合に、自国が攻撃されたかどうかに関係なく、攻撃を受けた国と共同して「防衛」のための軍事力を行使する権利です。これは、同盟を組み、同盟国と共通の「敵国」を攻撃するためのものであり、集団安全保障とはまったく異なるものです。

また「自衛」(self-defence) という言葉と、「集団的」(collective) という言葉が、はたして矛盾せずに組み合わせることのできるものなのか、という疑問もあります。これまで日本の政府（内閣法制局）は集団的自衛権に関して「国際法上は保有しているが、憲法九条との問題で行使できない」という解釈をしてきました。しかし、国連憲章で認められた自衛権は、本来は「個別的自衛権」を指したものでした。集団的自衛権は、憲章制定の最終段階でアメリカが急遽《きゅうきょ》ネジ込んだという経緯があります。

二〇一三年七月の参院選での大勝を受けて、安倍晋三首相は集団的自衛権の行使に向けた法整備を示唆しましたが、彼の集団的自衛権に関する認識にも疑問を覚えます。第一次安倍内閣の発足直前に出版された著書『美しい国へ』（文春新書）のなかで、集団的自衛権を「自然権」であると書いているのです。自然権というのは人が生まれながらにして持っている権利のことで、自然人である個人についてのみ言えることです。国家が持つ権利は、近代立憲主義以降の考え方では憲法によって付与されるものであり、国家が「生まれながらにして持つ権利」などというものは存在しません。

彼の言葉尻を捉えて揚げ足を取るつもりはないのですが、わたしが問題視するのは、彼がその後も「集団的自衛権＝自然権」という認識を修正しようとせず、強弁を続ける姿勢です。改憲あるいは護憲、どちらの立場を取るのであっても、憲法改正に向けた議論をする際に求められるのは、強弁ではなく一歩踏みとどまって熟慮する姿勢です。

混同されるふたつの問題

もうひとつ、ゼミでの議論にも出てきましたが、この九条改正をめぐる問題には、純粋に「戦争の放棄」と「戦力の不保持」を謳った憲法を変えるのかという側面と、いま現実に存在する自衛隊をどうするかという側面が混在しています。「戦争の放棄」「戦力の不保持」を規定した憲法を改正するかという問題と、「自衛隊をどうするか」という問題は本来、別個に議論すべきものです。近代立憲主義に関しては第一章で述べましたが、「いま現実に存在する自衛隊が憲法と矛盾するから、憲法を改正しよう」という趣旨の議論は、国家権力を制限するという立憲主義の観点からは考えられないものです。そんな憲法は、もはや近代国家の憲法とは言えません。

憲法について、また九条の改正を議論するなら九条について、正確な認識を持つことが議論を始める条件ですが、その議論がどのような性質を持つかもまた、わたしたちに求められる認識だと思います。

国防軍と軍法会議

現在の日本国憲法では七六条二項で「特別裁判所は、これを設置することができない。行政機関は、終審として裁判を行ふことができない」と定めています。ここで言う「特別裁判所」とは、ゼミの議論にも出てきましたが、国防軍を創設すれば必然的に設けられることになる「軍事裁判所」などを意味します。そして「国防軍の創設」を掲げる自民党の憲法改正草案では、その九条の二の五項に「国防軍に属する軍人その他の公務員がその職務の実施に伴う罪又は国防軍の機密に関する罪を犯した場合の裁判を行うため、法律の定めるところにより、国防軍に審判所を置く。この場合においては、被告人が裁判所へ上訴する権利は、保障されなければならない」と記されています。七六条二項に関しては自民党案も大きな変更はしていないので、ここでは裁判所ではなく「審判所」という言葉を使用していますが、その意味するところは軍法会議であると自民党改憲草案の「Q＆A」にはっきり書かれています。

では、軍事裁判所が設けられると、具体的にどのようなことが可能になるのでしょうか。まず、旧陸軍刑法・海軍刑法を見れば、敵前逃亡には死刑が科せられます。現在の自衛隊法では、防衛出動下令後に出頭しなければ七年以下の懲役または禁錮《きんこ》です。しかし、国防軍になった場合は、敵前逃亡は許されず断固として処断されるのです。

安倍首相は、国防軍にならないと、「軍法会議がもてない」「捕虜の取り扱いを受けられない」という二点を挙げました（二〇一三年五月一四日、参議院予算委員会）。しかし、自衛隊が防衛出動して、隊員が敵の手中に落ちた場合、「当然、ジュネーブ第三条約（捕虜条約）に基づく捕虜の待遇は保障される」という政府答弁があります（二〇〇七年六月五日、参議院外交防衛委員会）。自衛隊では捕虜になれないから、捕虜になれるように国防軍にするのだという安倍首相の主張は、国防軍創設の説明になっていません。見方を変えれば、捕虜になる心配をするほど、国防軍となったあかつきには、どんどん海外で軍事行動をさせる計画を持っているということになります。軍隊経験のある政治家がいなくなって、政治家の言説が軽くなった。自衛隊と国防軍、違うのは名称だけではないのです。なお、軍隊の本質については、水島朝穂『戦争とたたかう――憲法学者・久田栄正のルソン戦体験』（岩波現代文庫）を参照してください。

第三章　統治について——二院制は必要か？

【資料③】
読売新聞・全国世論調査「憲法」(同前)

Q　憲法は、国会に衆議院と参議院を置くことを定めています。この二院制のあり方について、回答リストの中から、あなたの考えに最も近いものを、１つだけあげて下さい。

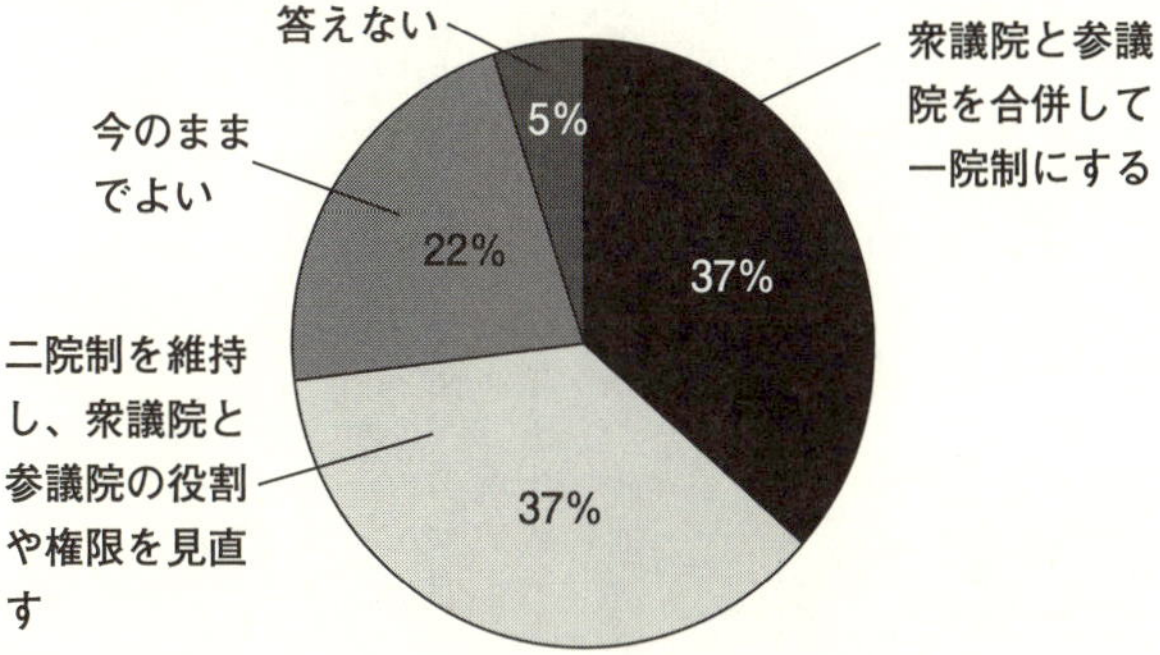
答えない
5%
衆議院と参議院を合併して一院制にする
37%
今のままでよい
22%
二院制を維持し、衆議院と参議院の役割や権限を見直す
37%

Q　衆議院では与党、参議院では野党が多数を占める、いわゆる「ねじれ国会」については、(A)「与野党が対立する法案が成立しなかったり、遅れたりする」という見方と、(B)「与野党で政策協議が行われ、国会が活性化する」という見方がありますが、あなたの考えは、どちらの方に近いですか。

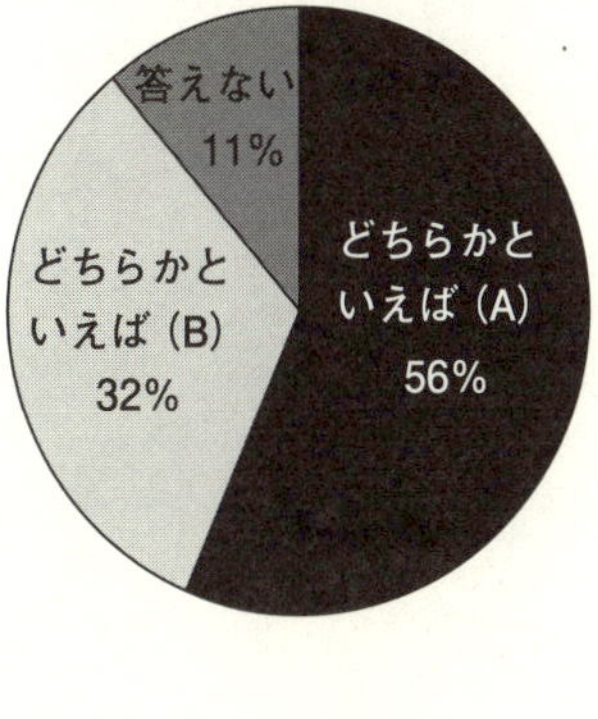
答えない
11%
どちらかといえば (A)
56%
どちらかといえば (B)
32%

二院制と政党政治

水島　さて、ここでは「統治」の問題について話し合います。自民党と同じく「憲法改正」を掲げる日本維新の会は、現在の二院制を廃止して一院制にすることを党の綱領に明記しています。読売新聞の世論調査（資料③／九三頁）でも「ねじれ国会をどう思うか？」ということを訊いていますが、維新の会は「一院制にすれば〝ねじれ〟はなくなる」と言っているわけですね。

君たちの意見はどうでしょう？　水島ゼミ名物の〝島ディスカッション〟を経た結果を聞かせてください。では、まず一班から。

男子E　じつは、この問題は班のなかで以前からＬＩＮＥで意見を交換し合ってきたんですが、二院制がわるいのか選挙制度がわるいのか、それとも国民がわるいのかというところで、わからなくなっちゃいまして（笑）。

水島　なるほど（笑）。

男子E　ただ、いまの〝島ディスカッション〟の結果としては、読売新聞の設問で言う「二院制を維持し、衆議院と参議院の役割や権限を見直す」に賛成する意見が多数を占めました。そのなかでA君からは「職人の参議院」といった意見も出ました。

男子A　まあ、これは間違いなく国民からも否定されると思うんですけど。参議院を非民選化して、いろんな職業のプロフェッショナルたちの代表とする、というものです。

水島　それはそれで、憲法四三条の「両議院は、全国民を代表する選挙された議員でこれを組織する」を改正しないと実現できませんね。

男子A　はい。二院制はときに「ねじれ国会」の状況を生み、国会での決定を遅らせる面もあるが、同時に権力の暴走を抑止している……ということは、ぼくも勉強しました。しかし「ねじれ国会」の状況を作っているのは、たとえば二〇一二年一二月の衆議院選挙で圧勝した自民党と、そこで惨敗しながらも参議院では第一党の座にある民主党の対立ですよね。つまり、衆議院と参議院の対立と言うよりも、党と党の対立と言うべき側面がある。衆議院と参議院があって、二院制の下で国政が行われていながら、それぞれの院で独自の議論がされているかというと、非常に疑問なんです。二院制であっても、結局のところ政党という衆参共通の枠組みに縛られているのではないか、と。

もし、政党という枠組みから切り離して、衆議院と参議院が本当にそれぞれ独自の議論を行うようにすれば、参議院に多数派として残っている旧与党の勢力が単に現与党の足を引っ張るような〝ねじれ現象〟は格段に少なくなるはずです。それで、二院制を維持するなら、参議院は政党という枠組みに縛られないよう非民選にしよう、かつては貴族院というのがあったけど、現代なら職人・プロフェッショナルの代表による議院にしようというのがぼくの意見です。

水島　「政党政治」に対する懐疑ですね。とりあえず、ほかの班の意見も聞いてみましょう。二班、どうですか？

女子F　わたしたちも一班と同じく「権力の暴走を抑制する」という二院制の意義を認識した上で、やはり政党という枠組み、特に党議拘束に対する疑問が出ました。党議拘束という縛りがある限り、二院制でそれぞれ議員の数だけはたくさんいても、議論の場において意見の多様性は生まれてこないのではないか、というのが、わたしたちの話し合ったことです。

男子G　自民党の「党三役」ってありますよね。幹事長・総務会長・政調会長。幹事長が番頭さんだとすれば、総務会長は労働組合委員長。では、政調会長は？　これは商店や会社のような組織には当てはまるポジションがないと思うんです。だからこそ政党なんでしょうけど。最終的には議員や候補者の政治的ポリシーを吟味して選挙のときに公認を与えるかどうかの権限を持つ幹事長が「党三役」のなかで重要な立場にあるわけですよね。これでは、国会で党の数しか意見の数がないのも当然だと思います。

水島　よし、次は三班。

国民の「知的レベル」を問う

男子K　ぼくたちは、どちらかというと「二院制がいいか、それとも一院制か」といった話題にはならなくて。先ほど一班からの発表のときに「二院制がわるいのか選挙制度がわるいのか、それとも国民がわるいのか」という話がありましたが、ぼくたちは「国民がわるい」という意見になりました。つまり、政治というものをあまりに短期的な視点で、また、その場その場の雰囲気に流されて見てしまっていて、ある政党をワッと衆院選で勝たせた人たちが、その翌年、翌々年あたりの参院選では一斉にその政党に〝しっぺ返し〟をする。そして、そのまた次の衆院選でも同じことが行われる。選挙が、なにかを託すためのものではなく弾劾投票になってしまっているという状況が「ねじれ国会」の原因であると考えました。

そう考えると、ちょっと乱暴な議論ですが、投票者のレベルを上げるために、なにかテストのようなものを実施して、それに合格した人だけが投票できるようにする。そうすれば「ねじれ国会」で生じるような国会での採決の遅れは、だいぶ解消されるのではないかと考えました。

水島 つまり「制限選挙制度」の導入ということですね。普通選挙が行われるようになる以前は、日本でも欧米でも性別や所得などで制限のある選挙だったわけですが、それを復活させる、と。ただし、今度は「知的レベル」を問おうというわけですね。

男子E それは、たしかに「乱暴な議論」かも（笑）。そもそも、テストを実施するとして、誰が問題を作るかという問題があるでしょう。それに「投票者がバカだから政治の見方が短期的で」というのが〝ねじれ〟の原因なら、選挙期間を長くすれば解決する問題じゃない？　ぼくも〝小泉旋風〟でその場の空気だけに流された人たちとか、投票者の知的レベルに対しては疑問があるけど、それと二院制、ねじれ国会の問題とはつながらないんじゃないかな。

男子A　ぼくの言った「参議院の非民選化」以上に受け入れられないだろうね。

男子K　でも、投票者のレベルを上げない限り、民主主義はただの衆愚政治になってしまうし、憲法改正の議論だって誤った方向に進んでしまう可能性が高いでしょう？

女子M　知的レベルを測るテストを実施して投票権を制限したとして、その結果にはどういう傾向が表れると思いますか？　はっきりと予想できるのは、差別的意見に聞こえるかもしれませんが、やはり現実としては知的レベルの高い人は所得も高いという結果じゃありませんか？

よく言われるように、学費が比較的安い国立大学、たとえば東大の合格者が育った家庭の所得を調べてみると明らかに平均よりも高い。それと同じ結果が表れる気がします。もちろん、知的レベルの高い人が必ずしも高所得とは限らないし、逆も言えると思いますけど〝ほぼほぼイコール〟でしょう。だとすれば、明治時代に選挙が行われるようになって最初の条件、「直接国税を一五円以上納めている二五歳以上の男子」という所得による制限と変わらないんじゃないですか？

男子K　まあ、だから「これは乱暴な議論」と言ってるんですけど（笑）。

男子N　もうひとつ、いまMさんが言ったことに関連して言うと、所得の低い人というのは弱者でしょう。K君の言う制限選挙制度を導入するためには、憲法一五条の「公務員の選挙については、成年者による普通選挙を保障する」、さらに一四条の「すべて国民は、法の下に平等であつて、人種、信条、性別、社会的身分又は門地により、政治的、経済的又は社会的関係において、差別されない」というのも変える必要が出てくると思うんですが、弱者の権利を制限する方向に憲法を変えていいのか、どうか。

男子E　いや、ぼくはK君の言いたいことはわかるんですけど。しかし、その「知的レベルを測るテスト」というのは、どれぐらいの難易度にするんですか？　具体的に、国民の何割が合格する程度？

男子Ｋ　「頭がいいか・わるいか」というよりも、周囲の空気に流されずに自分の考えを展開していく意志があるかが問題だと思います。だから、そんなに高度に専門的にする必要はなくて、たとえば自動車の普通免許取得ぐらいの難易度でいいんじゃないかと思います。

水島　その昔、某有名大学の総長は、運転免許の学科試験に落ちた経験があるという話ですけどね（笑）。

衝突するふたつの論理

水島　さて、ここまで出てきた意見のなかで政党の問題、党議拘束の問題に言及しているものがありました。じつは、現在の日本国憲法には「政党」という言葉はありません。さっきも言いました四三条に「両議院は、全国民を代表する選挙された議員でこれを組織する」と書かれていますが、政党という言葉はない。ほかの国、たとえばドイツの憲法にあたる基本法には、日本の憲法四三条にあたる代表制条項がその三八条にあって、二一条には政党に関する条項があります。

この「政党」と「全国民の代表」というふたつの論理は、しばしば衝突します。わかりやすい例は、日本でもたまにありますが、全国民の代表として選挙で選ばれた議員が党議拘束に違反したなどの理由で党を除名されるといったケース。そうすると、なかには「○○党だから、あの人に投票したのに」と釈然としない思いを抱く人も出てきます。しかし、それでその議員が議席を失うかというと、政党ごとの比例代表として選ばれた議員をのぞいては失いません（例外として、比例代表選出議員について国会法一〇九条の二がある）。日本では憲法に政党に関する規定がないために、こうした場合には、議員は政党員である以前に「全国民の代表」であるという論理が優先されるわけです。だから、さっき「党議拘束があるから二院制が機能しない」といった意見がありましたが、本当に自分が主張したい意見があれば党を除名される覚悟で言えばいいんです。それで議席を失うことはないんですから。

これがドイツの場合だと、基本法で規定されている政党条項によって、党議拘束に逆らうことは許されません。「政党政治」というものを国家運営の論理としてはっきりと認めているんですね。ただし、議員の個人的信条に関わるような問題、たとえば「死刑制度をどうするか？」といった問題を議論するときには、党議拘束を解除します。日本でも、二〇〇九年の臓器移植法案改正のときは党議拘束を解除して採決しました。臓器移植の問題は、人間の死を心停止の時点にするか脳死の時点にするかという議論ですから、死刑制度と同じく生命に関わる議論ですね。ただ、こういった「党議拘束の解除」をどのような議論のときに実施するかを含めて、「政党」と「全国民の代表」というふたつの論理の緊張関係は難しい問題ではあります。

女子M　「政党という枠組み、党議拘束が二院制の機能を妨げている」という意見もわかるんですが、じゃあ、逆に政党というものがなくて議員が単なる個人の集団だったらと考えると、これも混乱しそうですよね。

水島　そもそも「ねじれ国会」って、わるいものなんでしょうか？　一院制を主張する維新の会は「決められない政治からの脱却」と言っていますが、では橋下型の決断政治がいいのか？　決断政治がわるいとは言いません。ただし、明確なメッセージで人々が納得するように〝説明できる〟指導者でなければなりません。その点、維新の会の橋下共同代表はどうですか？　先日の従軍慰安婦発言に関する釈明を聞いていても、非常に疑問でしょう。あの人の説明は、むしろ混乱を招く（笑）。

民主主義のクーリングオフ

水島　わたしは「ねじれ国会」について、「民主主義のクーリングオフ」という言い方をしています。たしかに採決までの手続きで時間がかかりますが、衆参のねじれがない状態や一院制で権力が一気に暴走する危険性を考えれば、よくできたシステムだと思います。民主主義を正しく機能させるためには〝やせ我慢〟が必要なんです。手間暇を惜しむ考え方はいちばん危険と言えます。

「ねじれ国会」は日本政治に特有の状況ではありません。フランス語ではコアビタシオン（cohabitation）と言いますが「同居」「共存」といった意味です。一九八〇年代から九〇年代にかけての社会党・ミッテラン大統領の時代も、首相のシラク、バラデュールは共和国連合でした。そして、その共和国連合のシラクが大統領になると、今度は社会党のジョスパンが首相になっています。アメリカでも大統領と議会の〝ねじれ〟はめずらしいことではありません。現在のオバマ大統領は民主党、そして上院では民主党、下院では共和党が多数を占めています。だからといってフランスやアメリカで「一院制にしよう」なんていう議論が盛んになることはありません。彼らは〝やせ我慢〟を知っているんです。

それから、これも先ほど出た意見で、たとえば二〇一〇年の参院選がいい例だと思いますが、〇九年の衆院選で勝利して政権を奪取しながら期待されたような結果を見せられずにいた民主党に対する〝しっぺ返し〟になっていた、と。「本来は未来を託すものであるはずの投票行為が、後ろ向きに、直近の選挙で勝利した政党に対する弾劾投票のようになってしまっている」という意見がありましたね。でも、参議院選挙の場合、そういった傾向の表れ方は比較的緩やかなはずなんです。というのは、衆議院と違って小選挙区制ではないから。たとえば参議院の東京選挙区は定数一〇名で、半数の五名ずつが改選されます。だから無所属の立候補者でも十分、当選する可能性があって、より多様な意見を拾い上げることができます。

二〇〇五年の衆院選、〝郵政選挙〟で「小泉さん、すてき！」と言って自民党に入れた人たちが〇九年の選挙では民主党を勝たせる、そして一二年には再び自民党を勝たせるといった極端から極端に振れるような衆議院の現象を、むしろ参議院は抑制する働きがあるとも言えるでしょう。

誤解を恐れずに言ってしまえば、衆議院の選挙で「気ままな民意」が衆愚政治に傾いた状況を修正する機能が参議院にはあるということです。

民主制に対する信頼と懐疑

わたしの一年生の導入ゼミでは毎年、フィールドワークの一環として参議院の見学を実施しています。国会議事堂は向かって左に衆議院、右に参議院という左右対称、二院制を体現した建物ですが、この外見だけでなく組織や仕組みも見事にふたつに分けられていま す。たとえば、参議院で採用された職員が衆議院に配置換えになることはありません。

このように、独立したふたつの議院によって議会が構成されることを二院制（両院制）と言います。日本でいま、衆議院と参議院からなる二院制が「ねじれ国会の状態を作り、審議の遅れを招いている」などの理由で批判の対象になり、一院制への移行を掲げる政党まで出てきているのはご承知の通りです。はたして本当に参議院は無駄なのか。この議論を進めるためにも、まず二院制とはどのようなものかを考えてみたいと思います。

現在、世界で二院制ではなく一院制を採用している国には中国、北朝鮮、シンガポール、イスラエル、リヒテンシュタイン、ルクセンブルクなどがあります。これらの国ははじめから一院制を採用しています。また、韓国、台湾（中華民国）、アイスランド、ギリシャ、デンマーク、スウェーデン、ポルトガルなどは二院制から一院制に移行した国です。一院制を採用する理論的根拠となっているのは「一般意志が単一ならば、それを代表する議会も単一であるべきだ」という考え方です。つまり、選挙によって国民の代表が選ばれるという民主制の仕組みがあれば、議会はひとつのほうがよいというもので、民主制に信頼を置く考え方です。これに対して二院制は、民主制ではなく立憲主義の要求から生まれた制度と言えます。

第一章で述べたように、近代立憲主義は「民主制においても権力の暴走はあり得る」と考えるもので、一院制が民主制度に信頼を置く制度であるのに対し、民主制による議会も含めてすべての権力に対して「信頼」ではなく「懐疑」の眼を向けるものです。わかりやすく言ってしまえば、もし民主制が完全無欠のものであるなら議会は一院制であるべきかもしれません。しかし、そうではないと考える立憲主義の立場から、議会の暴走を抑止する目的で求められたのが二院制であると言えるでしょう。

世界の二院制

日本は憲法四三条で「両議院は、全国民を代表する選挙された議員でこれを組織する」と定めていますが、じつは、二院制を採用する国のなかでも日本のように第二院（日本の場合は参議院）の議員が直接選挙で選ばれるタイプは世界的にはめずらしいと言えます。ゼミの議論のなかで学生のひとりが「参議院を非民選化すべきだ」といった意見を出しましたが、第二院が非民選というケースは世界でめずらしくないのです。

たとえば英国の貴族院は、歴史的に世襲貴族が任命されてきました（もっとも、民選化のための改革も進みつつある）。また、ドイツの連邦参議院は各州政府の首相・閣僚が議員です。日本のように両院とも直接選挙で議員を選ぶ制度を採用している国はあまりなく、「民主的二院制」と呼ばれています。

また、ゼミの議論では「衆参共通の政党という枠組みに縛られているから、二院制が機能していない」という意見も出ました。学生たちがこのように見ている状況は、参議院の選挙制度改革によって徐々に現出してきたものです。まず一九八二年に、それまでの全国区制に代えて比例代表制を導入しました。ご存知のように比例代表制は投票用紙に党名を記すもので、これを導入したことにより参議院の〝政党化〟が進んだと言っていいでしょう。そして九四年に衆議院に小選挙区比例代表制が導入されてからは、両院の選挙制度に大きな差が見当たらなくなり、政党という枠組みがより大きな力を持つようになったのです。

したがって「二院制か一院制か」という議論のまえに、選挙制度をはじめ、考えるべき点は大いにあると言えます。学生たちも指摘した通り、現在のように議会で政党単位の拘束力が強まった状況で一院制を採用することは、「数の論理」による権力の暴走を招きかねないという点で非常に危険なことでもあります。

ただし、それでも、ゼミの議論でも述べたように衆議院の任期が四年であるのに対し参議院は六年（三年ごとに半数改選）と長く、また衆議院のような解散もありません。さらに、現在の衆議院が小選挙区制を導入しているのに対し、参議院の選挙区は無所属でも当選できる中選挙区のように機能しているため、最近の衆議院の選挙に見られるような民意が極端から極端へ振れる現象は、参議院では一般により緩やかな形で表れます。そして、こういった参議院独特の機能が少なからず残っていることが、二院制を採用する意義を維持していると言えるはずです。

憲法の配慮

衆議院と参議院で多数を占める政党が異なる「ねじれ国会」の状況は、国会での審議により多くの時間を要します。そのことが「数の論理」による権力の暴走を抑制する機能となっているのは述べた通りですが、「時間がかかる」「なかなか決まらない」という指摘が外れているわけではありません。逆に、わたしは、この二院制による手続きの煩雑さ、審議にかかる時間のながさを「民主主義のクーリングオフ」と呼んで肯定的に捉えています。衆院で決めたことを、参院でもう一度「再考」できる。国会は「国権の最高機関」（憲法四一条）ですが、参議院は「国権の再考機関」というわけです。

ここで、解説を加えておかなければいけない点があります。憲法五九条は「法律案は、この憲法に特別の定のある場合を除いては、両議院で可決したとき法律となる」と規定しています。法律である以上、衆参両院からなる国会の意思です。片方の院だけで決めるのは常道ではないから、例外のハードルは高くしておく。そこで、二項には「衆議院で可決し、参議院でこれと異なつた議決をした法律案は、衆議院で出席議員の三分の二以上の多数で再び可決したときは、法律となる」とあります。参議院で可決されなかった法案を可決するために〝もう一度〟衆議院で採決し、三分の二以上の同意を得なければならない。法律についてだけ、三分の二の再可決を定めたのは、国会が議決したものが法律であるという、法律の本質に起因しているのです。

メディアは、「ねじれ国会」では「時間がかかる」「なかなか決まらない」ということを強調しました。しかし、「時間をあまりかけられない」「ある程度急いで決めなければいけない」という事案に関しては、憲法はしっかりとそれに対応できる規定をしているのです。

たとえば、本書のゼミ風景を収録した日の前日に成立した平成二五年度予算。予算に関して、憲法六〇条二項は次のように規定しています。「予算について、参議院で衆議院と異なつた議決をした場合に、法律の定めるところにより、両議院の協議会を開いても意見が一致しないとき、又は参議院が、衆議院の可決した予算を受け取つた後、国会休会中の期間を除いて三十日以内に、議決しないときは、衆議院の議決を国会の議決とする」

つまり、予算のように、重要ではあるが、国政上、予算執行の必要性もあって、可能な限り早く決めたいという事案に関しては、法律のような高いハードルは設けていません。

三〇日の経過で衆議院だけの議決で「国会の議決」となります。同様に「条約の締結」に関して、六一条で「条約の締結に必要な国会の承認については、前条第二項の規定を準用する」としています。条約は国家間の合意ですので相手（日本以外の国）がある話です。ある程度急ぐことに合理性がある。そこで、予算と同じ三〇日以内になっています。

さらに、内閣総理大臣の指名について定めた六七条は、二項で次のように規定しています。

「衆議院と参議院とが異なつた指名の議決をした場合に、法律の定めるところにより、両議院の協議会を開いても意見が一致しないとき、又は衆議院が指名の議決をした後、国会休会中の期間を除いて十日以内に、参議院が、指名の議決をしないときは、衆議院の議決を国会の議決とする」

ここでは予算、条約の締結に関しての規定で「三十日以内」としていた参議院の議決までの猶予を、さらに「十日以内」と短縮しています。内閣が誕生しないと国政上支障をきたします。このように、「時間がかかる」という二院制に対する批判の陰で、多くの人は気づいていない、あるいは留意していないことですが、憲法自身は二院制がうまく機能するよう、「衆議院の優越」という変速ギアをセットしているわけです。

一般には単に「時間がかかる」「なかなか決まらない」ということで語られる傾向の強い二院制の本質、さらには、そこに憲法がどのように配慮しているかが大まかに見えてきたと思います。「二院制か一院制か」という議論を無理に先行させてはなりません。

第四章　人権を制限する憲法改正とは？

権力者にやさしい憲法へ

水島　ここでは、自民党が二〇一二年に発表した「日本国憲法改正草案」（資料④／一五一頁）を参考にしながら、人権について主に考えてみたいと思います。

男子E　ちょっと、人権に関する議論のまえに、いいですか？

水島　どうぞ。

男子E　この自民党の草案の五五条「議員の資格審査」というところなんですけど。「議員の議席を失わせるには、出席議員の三分の二以上の多数による議決を必要とする」とありますね。これは現行の五五条とあまり変わっていないと思いますが、「九六条を改正しよう、憲法改正の発議には三分の二でなくて過半数で十分だ」と言っている人たちが、自分たちが議席を失うかどうかのときは「やはり三分の二だ」と言っているところが、かなり笑えるというか。これでは憲法の改正よりも自分たちの議席のほうが大事と言っていることになりますよね。

水島　たしかに、笑えますね。ただし「議員の資格審査」については、現在の憲法でも〝出席議員〟の三分の二以上となっていて、九六条の「憲法改正」については〝総議員〟の三分の二以上の賛成が必要です。同じ「三分の二以上」でも定足数の規定が違っていて、ハードルの高さが微妙に違っています。

男子E　そうですね。あと、その「定足数」ということで言うと、自民党草案の五六条はどうでしょうか。現行憲法では「両議院は、各々その総議員の三分の一以上の出席がなければ、議事を開き議決することができない」とあるのを、自民党の草案では「議事の開催」に関する文言を削り、「両議院の議決は、各々その総議員の三分の一以上の出席がなければすることができない」として、議決時にだけ三分の一がいればよいようにしました。つまり、水島先生がいつもおっしゃっている言葉を借りると「採決するときだけ本会議に出ればいいや」というラクチンな方向に変えている。いかにも国会議員が作りそうな条文という気がします。

水島　まあ、ツッコミどころは満載です（笑）。いまE君が言った問題については、わたしは八年前、小泉政権当時の「自民党新憲法草案」のときからあったこの条文改正について指摘してきましたが、現在は国会の本会議で議事の最中に出席議員数が三分の一を切ると、議長は議事をストップして呼びに行くんです。コーヒーを飲んでいる議員や、美容室に行っている議員を。これが、自民党の草案では「議決」のときだけでいいことになっている。「議事」のときにはコーヒーも飲めるし、美容室にも行けるということですね。ますます「怠惰な政治家にやさしい憲法」になる。

「家族の基本原則」と生活保護

水島　さて、人権についてはどうですか？　今度は逆に三班から聞いていこう。

男子N　自民党改憲草案二四条に「家族は、互いに助け合わなければならない」とありますね。なぜ、このような一文を憲法の規定として盛り込んだのか、というところから考える必要があると思いました。

民法七三〇条に「直系血族及び同居の親族は、互いに扶《たす》け合わなければならない」とありますが、それがどういう意味を持つかというと、たとえば親に捨てられた子どもが扶養請求の訴えを起こすことができるとか、そういうことだと思います。この権利は公法上の権利ではなく「私権」ですよね。だから、そういう権利を保障したいのであれば、わざわざ憲法に盛り込まなくても、いまある民法でいいのではないか。そう考えると結局、いまいわれている生活保護費の増大に対する楔《くさび》の意味があるのではないかという意見が出ました。つまり「生活保護制度に頼るまえに、家族がどうにかしろ」という意図があるのではないか、と。

女子M　それから、わたしは「家族は、社会の自然かつ基礎的な単位」という条文を見て、お父さんがいて、お母さんがいて、子どもがいて、というのが自然であたりまえの家族だと言っているようで「では、シングルマザーや同性愛のカップルは否定する憲法なのか?」と思いました。

水島　ん!?「家族は、社会の自然かつ基礎的な単位」というのは、そこまで言っているかな?

男子E　ぼくも、いまMさんが言った「自然であたりまえの家族像」、つまり「家族の理想型」というのをこの条文で言っているかといったら、疑問だと思います。

男子N　でも「基礎的な」と書いてあるでしょう。

男子E　ただ、その「基礎的な」というのが、どういう家族かは書いてないんだから、シングルマザーや同性愛のカップルを否定していると考えるのは飛躍なんじゃないかな。

男子N　しかし、憲法にこういう条文を入れておけば、のちのち民法なりでシングルマザー、同性愛カップルを明確に否定する規定を設ける際に「違憲ではない」という裏づけになる可能性はあるでしょう。

男子E　それは「今後、法律で家族というものを多様性を切り捨てた形で規定する恐れがあるから、この条文はダメだ」という話ですか？

水島　まあ、N君が言っているような危険性はあると、わたしは思うけども。

男子B　ちょっと、いいですか？　たしかに、もし、この条文がシングルマザーや同性愛のカップルを否定するものだったら問題だけど、それ以前に「家族がいない人はどうなの？」という問題があるんじゃないですか？「家族は、社会の自然かつ基礎的な単位」と憲法で言ってしまうと、家族がいない人は社会に属していないのか、ということになりかねない。

水島　いまのB君の意見は、憲法を考える視点として非常にいいですね。「家族がひとりもいない人」というのは少数派として存在します。少数派のことを考えることは憲法議論で絶対に必要なことです。

ここで、ひとつ言っておきたいのは「憲法の条文って抽象的だ」ということです。抽象的だからこそ、より広範な状況・事例に対応するという面があります。その抽象的な条文で構成されている憲法に「家族は基礎的な単位だ」「家族は、互いに助け合わなければならない」といった、ある意味あたりまえのことを盛り込むと、N君が言ったような家族の多様性を排除する方向に法律を含めて社会が進んでいく可能性はあるということですね。

二班、どうですか？

「公益及び公の秩序」とは何か？

男子D　ぼくたちはまず、自民党草案一二条の「自由及び権利には責任及び義務が伴うことを自覚し、常に公益及び公の秩序に反してはならない」という条文について考えました。「自由と権利には、責任と義務が伴う」というのは、あたりまえのことというかモラルの問題で、本来は憲法に書くようなことではないのではないか、と。先ほど、N君からも「『家族は、互いに助け合わなければならない』という当然のことをわざわざ憲法に盛り込んだのは、生活保護費の増大に対する楔の意味があるのではないか」という意見が出ましたが、それと同じで、この一二条も「なにかウラがあるんだろうな」という気がします。

また、この一二条も含めて自民党草案全体に言えることですが、やたらと「公益及び公の秩序に反してはならない」あるいは「公益及び公の秩序に反しない限り」といった文言が出てきます。現行の一二条は「この憲法が国民に保障する自由及び権利は、国民の不断の努力によつて、これを保持しなければならない。又、国民は、これを濫用してはならないのであつて、常に公共の福祉のためにこれを利用する責任を負ふ」となっています。つまり、現行憲法が「公共の福祉」と言っているところを自民党の草案は「公益及び公の秩序」と書き換えている。これは結構、危険だなと思いました。「公共の福祉」と「公益及び公の秩序」とは、まったく違うものだし、そもそも「公益ってなに？」と思うし、深読みすれば、本当は「国益」と書きたかったんじゃないかとも考えました。

男子B　最近、国際社会では「パブリック・オーダー」という言葉がよく使われていて、それを日本語に訳す場合は「公共の福祉」よりも「公益及び公の秩序」のほうがシックリくる、というのもあるんじゃないでしょうか。

男子K　しかし、「公の秩序」という言葉の場合、「では、その秩序を守るのは誰か？」という問題が出てくると思います。一般的に考えて、警察はそれに当てはまりますよね。つまり、憲法にこの言葉を盛り込むことで、たとえば、かつての成田闘争や最近で言えば反原発デモのような集会を警察・機動隊が武力鎮圧する際の裏づけになる可能性があると思います。

水島　現在の憲法では、表現の自由を保障した二一条一項には「公共の福祉」という言葉は出てきません。いっぽう、財産権の内容を規定した二九条二項には出てくる。これにはどういう意図があるかというと、たとえば国が新しい道路を造るというときに、そこは俺の土地だからといって立ち退《の》かない人がいた場合は、この二九条二項の「公共の福祉」という制約が効いて、土地収用法の手続きを踏んで、国はその人を立ち退かせることができるわけです。けれども、表現の自由については「公共の福祉」を抜き身で持ち出して簡単に制限することはできない。さまざまな判例をみればわかるように、制限する側に、制限の理由をしっかり証明する負担がかかるわけです。

しかし、もし自民党草案二一条のような「公益及び公の秩序」という文言が入ればどんなふうに変わってくるだろうか。これは「公共の福祉」と「公益及び公の秩序」という言葉の違い以上に、重要な意味を持っていると思うのだけど、一班の意見を聞いてみましょうか。

ヴィジョンとしての憲法

男子C　ぼくらは、ちょっと視点を変えてというか、敢《あ》えて「この自民党草案に支持すべき要素はないのか?」と考えてみました。立憲主義の観点で言えば、たしかに憲法は「国家権力を縛るためのもの」なわけですけど、そこから少し離れて、この大震災後の日本で、こういうわかりやすい形で国のヴィジョンを示すようなものがあってもいいのではないか、と。いまの憲法ができたのも、敗戦後のことですよね。そのとき、戦争で傷ついた国民にとって、たとえば戦争放棄を謳った九条は、難しい憲法論は抜きにして希望を与えたと思うんですよ。その意味で、この自民党草案も、価値観の軸が揺れてみんなが迷っている時代にあっては「こういう理想を掲げよう、それを信じていこう」というヴィジョンを示している点では評価できるのではないかと考えました。

水島　なるほどね、だから自民党草案の前文にも「我が国は、先の大戦による荒廃や幾多の大災害を乗り越えて発展し……」とあるわけだ。

男子D　しかし、自民党草案一二条の「公益及び公の秩序に反してはならない」という文章が国民に希望を与えるとは思えないな。それに、ヒトラー政権が出てきたのも、やはり第一次世界大戦で敗れて莫大《ばくだい》な戦争賠償金を背負わされ、ハイパー・インフレに苦しんでいた当時のドイツだよね。そして、やはり非常にわかりやすいヴィジョンを示した。そういう歴史を振り返っても「ヴィジョンを示しているから、この自民党草案もアリ」と考えるのは危険な気がします。

男子C　まあ、内容はべつにして、ヴィジョンを示す憲法があってもいいのではないか、と。

水島　「ヴィジョンを示す憲法」というのは、一般的に憲法学でも否定はしていません。大綱的・プログラム的な国家の方向性を示すものですね。さらに、いまのドイツ基本法の「国家目標規定」なんかも、プログラム規定にとどまらず、法的拘束力をもって国家の義務の方向性を示すものでしょう。日本国憲法も、C君が指摘したように、そういう性格があります。しかし、戦後のドイツや日本というのは、それまでの体制が全面否定され、ドイツは東西に分割されましたし、国の姿形までがガラリと変わったわけです。そういう状況では意味を持ったヴィジョンも、震災後だからといって、いまの日本でヴィジョンとして通用するかといったら、またべつの問題でしょう。

それから、自民党草案の前文「先の大戦による荒廃や幾多の大災害を乗り越えて」というのは――ここで言う「大災害」とは東日本大震災のような自然災害を主に指していると思いますが――、戦争と震災を同列に扱っていますね。自然災害というのは、避けられないものです。いっぽう、戦争は「究極の人災」です。つまり、避けることができる。このふたつを一緒クタにしてしまっているところは、ヴィジョンのつもりであっても、わたしは違和感を覚えますね。そもそも現代のような多元主義社会で、みんなが賛成するヴィジョンを示すのは難しいと思います。むしろ「価値観の押しつけ」は立憲主義に反するしね。ほかには、どうですか？

「たたかう民主制」と表現の自由

女子F　わたしは自民党草案の二一条が気になりました。「表現の自由」に関する条文ですが、二項で「公益及び公の秩序」という言葉が出てきます。現行の二一条は「集会、結社及び言論、出版その他一切の表現の自由は、これを保障する」というだけで、そんな制限条項は入っていません。

じつは、わたしは大学に入るまで「戦前には言論の自由がなかった」と思っていたのですが、大日本帝国憲法でも二九条で言論の自由は保障されていて、その条文は「日本臣民は、法律の範囲内において、言論、著作、印行、集会及び結社の自由を有す」というものです。自民党の草案は、実質的にこれと同じだと思いました。さっきのD君の意見にもありましたが、そもそも「公益ってなんなのか?」。こういう曖昧な概念で表現の自由を制限することは、とても危険なことだというのが、わたしの意見です。

水島　現在のドイツ基本法には、結社の自由に関する禁止規定があります。どういうものかというと、かつてのナチスのような結社は認めない、ナチスのように憲法的秩序や、そこで保障されている自由を覆《くつがえ》すような結社に関しては、その自由を認めないというものです。君たちも習ったと思うけど、こういう考え方は「たたかう民主制」(戦闘的民主主義)と呼ばれています。ドイツ基本法九条二項には「憲法秩序に反する団体は禁止される」とあるし、一八条は、「自由な民主主義的基本秩序」に敵対するために集会の自由などの基本権を濫用する者は、それらの基本権を喪失するという基本権喪失条項です。二一条二項は、「自由な民主主義的基本秩序」を侵害・除去し、国の存立を危うくすることをめざす政党は禁止される政党禁止条項です。そのことから、「この自民党草案もたたかう民主制だ」と言う人もいますが、これは違います。ドイツの結社禁止条項は、憲法的秩序(自由な民主主義的基本秩序と同義)と国際協調の理念に反する結社が対象ですから、それなりに高いハードルが設定されている。それに比べて、自民党草案にある「公益及び公の秩序に反する」云々《うんぬん》はどうでしょうか？

Ｆさんが言うように非常に曖昧で、どのようにも解釈できる。結社の自由を制限している国はドイツだけでなく、たとえばイスラエル、韓国、アルゼンチンと少なくありませんが、この草案の規定では、それらの国と比べても格段にハードルが低くなってしまいます。「たたかう民主制」どころか、「公益」や「公の秩序」に反した程度で結社が禁止できるなんて、とても民主国家とは言えません。

さて、〝島ディスカッション〟では、ほかにも意見が出ていましたよね。

新たに盛り込まれた障害者規定

女子Ｉ　わたしは自民党草案一四条に注目しました。「法の下の平等」に関する条文ですが、現行憲法にはない「障害の有無」という文言が書き加えられています。これは、いまよりも障害者の人たちに社会の目が向くことになると思うので、評価できるかなと思いました。

水島　ドイツ基本法にも一九九四年一〇月の四二回目の改正で、障害者に関連する条項が加わりました（三条三項）。男女平等に加えて、障害を理由とする不利益を禁じました。このときに議論があったんですね。というのは、「障害者」という言葉を憲法に入れてしまうと逆に、それまで障害を持っていても健常者と同じ条件で働いて頑張ってきた人にも「あなたは障害者だ」というスティグマ（烙印《らくいん》）が押されることにもなるわけです。それで「障害者に対するケアは法律面でいろいろあるのだから、わざわざ憲法には書き加えなくてもいい」という意見が出てきました。

憲法一四条一項というのは法の下の平等、つまり差別を禁止した条文ですよね。現行憲法には「人種」「信条」「性別」「社会的身分又は門地」と例示列挙されていて、そこに自民党草案は「障害の有無」を加えたわけです。でも、差別を禁止するための例示列挙だったら「障害の有無」以外にも差別につながる要素はあるでしょう。たとえば「国籍」とか「年齢」とか。

男子G　ぼくは背が低いんですけど（笑）。

水島　ああ、それは笑いごとではなくて重大なことです。というのは、現実に、募集要項の身長規定に充《み》たないために自分の希望する職業に就けないということがあるわけですから。たとえば、警察官やキャビン・アテンダントの募集などで、実質的に身長制限を設けている場合があります。

男子N　そう考えると、一四条にわざわざ「障害の有無」という文言を書き加えたのも、二四条で「家族は、互いに助け合わなければならない」と言って生活保護費の増大を抑制しようとするのと同じ意図を感じますね。だって、水島先生も言われたように実際には背が低いことによる差別があっても、その差別を受けている人に対して国や自治体が手当を支払うということはないわけですよ。国籍や年齢によって差別されていると感じる人に対しても同じです。

しかし、いっぽう障害者に対しては手当を支払うし、法律で企業の雇用義務も定められているわけです。つまり、国籍・年齢・身長の低さなどは書き加えずに「障害の有無」だけを盛り込んだということは、企業の障害者雇用を促進して、トータルで障害者保障に関する金銭的負担を抑えようという意図も感じられますね。

憲法と「被害者の人権」

水島　N君のような見方が出てくるのも、この草案が憲法一四条一項に「障害の有無」という文言を追加したことが〝余計なお世話〟と見ることもできるからでしょうね。余計なお世話というか、いまさら、わざわざ憲法に盛り込む必要があるのか疑わしいもの。法律の範囲で対処できるもの。その意味で言うと、自民党草案が二五条の四を新設し、「国は、犯罪被害者及びその家族の人権及び処遇に配慮しなければならない」とした条項はどうでしょうね。「被害者の人権」とはなんでしょう?

男子E　「被害者の人権」というのは最近よく使われる言葉ですが、その内容はあまり明確ではないように思えます。たとえば刑事訴訟法で「公判記録の閲覧」や「法廷での意見陳述」の権利が認められていたり、国が犯罪被害者を経済的に救済するための給付金制度を定めた法律もありますが、現在の憲法では「被害者の人権」に関する規定はありません。憲法で規定されているのは「加害者の人権」で、たぶん、「被害者の人権」ということを言っている人たちは、そういう憲法はオカシイという論旨なのでしょうが、どこか議論が空回りしている印象を受けます。議論を盛り上げようとしているけど、そもそも彼らの言う「被害者の人権」という概念が曖昧だからだと思います。

水島　いま、E君が言ったように、現在の憲法三一条から四〇条まで、敢えてそう表現すれば、すべて「加害者の人権」（加害者・犯人と疑われている個人の人権）を保障する内容です。たとえば、逮捕、捜索、押収に対する権利、弁護人の依頼権、自白の証拠能力・証明力の制限等々、すべて、ある日突然、個人が警察に逮捕され被疑者に、そして起訴されて被告人になったときに、不当な権力の介入から個人を守ってくれるものです。そこには、犯罪のもう一方の当事者である被害者は出てきません。自民党草案も含めて、いま「被害者の人権」ということを声高に言う人たちは、憲法で「加害者の人権」ばかりを保障するのはオカシイと考えているわけです。しかし、そもそも、なぜ憲法は「被害者の人権」に触れていないのでしょう。どう思いますか？

女子I　憲法が保障する「人権」とはなにか、という問題だと思います。「被害者の人権」というのは、人権という言葉を使っていても、憲法で言うところの「人権」とは意味が異なるものではないでしょうか。

水島　その通りです。「憲法が保障する人権とはなにか」というよりも、第一章で議論した「そもそも憲法とはなにか」を思い出してください。憲法を守らなければいけないのは国民ではなく国家だ、憲法は権力の暴走を制限するためのものだ、という話をしましたね。だとすれば、憲法が保障する人権に対する脅威として想定されているのは国家権力ということになりますね。そして、その国家権力によって自由を侵害される危険性があるのは、犯罪の嫌疑をかけられた個人です。憲法が罪を犯した側である「加害者」の人権を周到に保障するのはある意味では当然のことなのです。

もちろん「犯罪被害者は放っておいてもいい」ということではありません。犯罪の加害者Aと被害者Bはともに私人です。ドイツ憲法学では基本権保護義務という考え方があって、日本でもその影響を受けて、国家と私人Aと私人Bの関係を「法的三極関係」ととらえる学説があります。それによれば、国家は私人B（被害者）に対して保護義務を負う。私人Bは国家に対して保護を求めることができる。ただ、それは決して私人A（加害者）の権利と対立したり、その権利を低減させたりすることを意味しないというわけです。国家が犯罪被害者に対してなすべきことは、憲法の条文で「被害者の人権」を保障することではなく、さっきE君が言ったように法律面で精神的、経済的な支援をもっと充実させることだと思います。「いまの憲法では加害者の人権ばかりが守られて、被害者の人権はないがしろにされている」という議論だけで憲法を改正してしまえば、刑事手続上の人権の効力縮減につながるだけでしょう。

「加害者の人権」には、容疑者段階での取り調べにおける個人の権利を権力から保護する意味なども含まれます。メディアに容疑者として名前が発表されただけで、社会の目はたいへん厳しいものになる。松本サリン事件で、被害に遭われただけでなく、容疑者と報道された河野義行さんの苦難が想起されるでしょう。疑いの目のなか、拘束されて、社会から隔絶された状態で、身の安全をはかる、潔白を証明することは容易ではないのです。そして、わたしたちだって、いつなんどき無実の罪で囚《とら》われの身になるか、わかりません。そうしたときに守ってくれるのが憲法なのです。また、罪を犯して逮捕・起訴され、有罪判決が確定して刑に服している最中であっても、その人もまた社会の一員であることも忘れてはいけません。

再び「憲法は誰が守るのか?」

水島　さて、〝ツッコミどころ満載〟の自民党草案にはいろいろな意見が出されましたが、みなさん、いちばん肝心のところにツッコミを入れるのを忘れていませんか？　N君、どうですか？

男子N　う〜ん、前文の文章が品格に欠けるとか？

水島　それは読む人の主観に関わる問題でしょう（笑）。それよりも、いちばん重要な「立憲主義」という観点を思い出してください。

男子E　「憲法尊重擁護義務」を規定した一〇二条ですね。これに当たるのは現行憲法では九九条で、そこでは「天皇又は摂政及び国務大臣、国会議員、裁判官その他の公務員は、この憲法を尊重し擁護する義務を負ふ」とされています。ところが自民党草案では、これを二項にもっていき、一項で「全て国民は、この憲法を尊重しなければならない」としている。先生の言うように立憲主義という観点に照らし合わせれば、まったくお話にならないと思います。

水島　そうです。「憲法を守らなければいけないのは国民ではなく、国家だ」「憲法は権力の暴走を制限するためにある」という立憲主義の理念が、ここでは完全にねじ曲げられています。

男子E　この自民党草案の最後に書かれている一〇二条を読むと、つまり、ここまで読み進んでようやく、これまで議論してきたような不可思議な点が理解できたような気がします。憲法を「国民が守らなければいけないもの」と規定した時点で、そこで保障されている権利も「国に対して」という原理から離れて、それを行使しようとした際に「公益及び公の秩序」のために自粛を求めることにもなるんじゃないでしょうか。

水島　なるほど。たとえば言論・表現の自由を、それを言われたら困る人がいるなら自粛せよ、と。そういう意味ですか？

男子E　まあ、そこの部分はぼくの個人的な考えなんですが。国民同士で「お互い憲法を守らなきゃいけないから」ということで遠慮しなければいけないと誤解するケースは出てくると思うんです。

男子N　そうかぁ。そう考えると、自民党案が一〇二条の二項にもっていった現在の九九条の内容も微妙に変わっているのが気になりますよね。現行憲法では「国務大臣、国会議員」という順番で書かれているのが、自民党案では逆になっている。細かいことかもしれませんが、国務大臣は内閣総理大臣が任命するもので、国会議員は国民の選挙によって選ばれるものです。わざわざこの順番を逆にしたところにも「国民よりも国家を優先する憲法」という意図が透けて見える気がします。

水島　そうです。そして、いまN君が言った「国民よりも国家を優先する憲法」などというものは、本来の意味で言えば憲法ではない。

ストーカーによる「人権侵害」？

第二章で憲法の「改正限界」について述べました。憲法で規定される「人権保障」は、改正限界の枠に入れられるのが世界の通例で、人権について、より制限を加える方向性を持った憲法改正は一般には考えられないというものでした。

ところが、自民党が二〇一二年に発表した憲法改正草案では、ゼミの議論でも学生たちが指摘しているように、たとえば二一条に「公益及び公の秩序を害することを目的とした活動を行い、並びにそれを目的として結社をすることは、認められない」とする二項を新設するなど「人権」に制限を加える条文が多く見受けられます。

この自民党草案を、どう読むか。憲法条文の「読み解き方」については、次の第五章で詳述します。ここでは、そもそも人権とはなにか、どういった概念かを解説したいと思います。

人権のもっとも初歩的な定義は「人が生まれながらにして持っている権利」「人ということだけを理由にして認められる権利」というもので、これを国家の規範としてはじめて明文化したのが、アメリカの「ヴァージニア権利章典」です。これは一七七六年、アメリカ独立が決定した際に採択された人権保障の宣言規定で、幸福追求・生命・自由を享受する権利、人身の自由、言論出版の自由、宗教の自由など一六カ条からなるものです。つまり、人類がはじめて国家の規範という形で人権を保障してから、まだ二〇〇年あまりしか経《た》っていないことになります。

人権は、「みんな」が合意して決めたことでも、個人が持っている大切なものを侵害してはならないことを、あらかじめ表示しておくという発想のものです。その「大切なもの」を一七世紀英国の啓蒙思想家ジョン・ロックは「プロパティ」（property）という概念で説明しています。property の proper は「固有」という意味で、個人が持っている固有のもの、生命・自由・財産などを指します。そして、この「プロパティ」の概念が、先に述べた「ヴァージニア権利章典」や「フランス人権宣言」などに大きな影響を与えたのです。

では、大切なものを侵害する可能性のある「みんな」とは、なにを指しているのでしょうか。これは、やはり第一義的には「国家権力」を指します。さらに社会における多数者による少数者に対する抑圧も重要です。「多数者による専制」という問題です。人権は個人がそれに対抗するという明確なベクトルを持つ概念なのです。

近頃は個人の、個人に対する行為に対しても「人権侵害だ」ということが言われます。たとえば、ストーカー行為において、それを行った個人に対して被害者が「人権侵害だ」と言うケースがありますが、この場合は「憲法における人権」ではじつはないのです。

敢えて言えば、ストーカー被害のようなケースは「人間関係」(私人間の関係)を「人権関係」と言い換えているのではないでしょうか。もちろん、ストーカーの問題は被害者も増えており、きちんと対処すべき重要な課題です。しかし、繰り返しになりますが、「憲法における人権」は個人と国家の関係を規律する権利なので、このような場合は適切ではありません。

憲法改正が国民全体にとって具体的な懸案事項として浮上してきているいま、このような人権概念の混乱は、とても危険な結果を招きかねないと、わたしは思うのです。本書のなかで何度も繰り返していることですが、議論する対象が「なにであるか」正確に理解していなければ、議論をまっとうな方向に進めることはできません。

「公共の福祉」から「公益及び公の秩序」へ？

さて、憲法一三条は「すべて国民は、個人として尊重される。生命、自由及び幸福追求に対する国民の権利については、公共の福祉に反しない限り、立法その他の国政の上で、最大の尊重を必要とする」と規定しています。そして、自民党の憲法改正草案では、この「公共の福祉」という箇所が「公益及び公の秩序」という言葉に変えられています。これが人々の人権の行使にどういう影響があるか考えてみましょう。

ゼミの議論で「わたしは戦前の憲法では言論の自由は保障されていなかったと思い込んでいた」と述べた学生がいましたが、同じような勘違いをしている人は少なくないと思います。大日本帝国憲法二九条には、次のようにあります。

「日本臣民は、法律の範囲内において、言論、著作、印行、集会及び結社の自由を有す」

つまり、帝国憲法で「法律の範囲内において」とされていた制限が、現在の憲法では「公共の福祉に反しない限り」に変わり、さらに自民党の草案では「公益及び公の秩序に反しない限り」に変えられています。まず、帝国憲法の「法律の範囲内において」という条件は、多くの人が戦前には憲法で言論の自由がまったく保障されていなかったと誤解することにつながったように、つまり逆に、法律さえ作れば、いくらでも言論の自由を制限できるものでした。実際に、政府による検閲を認めた出版法（一八九三年制定）、映画法（一九三九年制定）などの法律が制定され、憲法が保障したはずの表現の自由領域への国家介入が容易に行われました。このようなカラクリは日本国憲法には存在しません。人権の制約については、「公共の福祉」をどう理解するかが大切です。

当初は学説も判例も、「公共の福祉」を大上段に振りかざして、おおらかに人権制約を正当化しました。たとえば、一九四八年の最高裁の死刑合憲判決には、「公共の福祉という基本的原則に反する場合には、生命に対する国民の権利といえども立法上制限乃至《ないし》剝奪されることを当然予想しているものといわねばならぬ」とあります。初期の判例には、このような「公共の福祉」を持ち出せばそれでおしまい、というタイプのものが見られました。その後、さすがの最高裁ももっと丁寧に議論を立てるようになりますが、ここでは立ち入りません（詳しくは、前掲『憲法裁判の現場から考える』参照）。

「公共の福祉」は次のような文脈で語られたこともあります。一九九九年、栃木県大田原市が宗教団体「オウム真理教」の信者からの転入届を不受理とした際、当時の市長は次のように言っています。

「信者の子どもたちが大田原市に居住することは公共の福祉に反する」

「オウム真理教」は九五年に地下鉄サリン事件を起こしました。多くの人命が犠牲になったサリン事件がまだ鮮明に社会に記憶として残っていた当時、ほかにも信者の子どもたちの就学を拒否する自治体が出てきていました。また、東京・世田谷区では、信者の集団転入が判明した段階で区が信者らの住民票を破棄し、住民基本台帳の記録を抹消する事件も起きています。そして、それらの行為の根拠となったのが「公共の福祉」です。

世田谷区で住民票を破棄された信者たちは、憲法二二条一項で保障された「居住・移転の自由」に反するとして提訴しました。一審の東京地裁は、すでに調製された住民票を消除することはできない、として信者たちの訴えを認めましたが、二審の東京高裁では「(住民票の破棄は)公共の福祉の観点からの基本的人権に対する必要かつ合理的な制約の結果と解される」との判決が下されました。最終的には、最高裁が憲法判断には踏み込まず「市町区村長が住民票の受理に関して審査権限を有しているとは判断しがたい」として高裁判決を破棄しました。

これらの事例から見えてくるのは、まず「公共の福祉」という言葉で表される概念は、その場・そのときの都合に合わせて、いかようにも解釈される可能性があるということです。そして、もうひとつには、オウム信者たちの転入や、その子どもたちの就学に対して行われた行為のように、多数の「民意」を正当化しようとする際に持ち出されます。すでに述べたように、人権は「数の力による侵害」から守る必要があるからこそ憲法で保障されているのです。しかし、「公共の福祉」と自民党草案にある「公益及び公の秩序」を比べた場合、どちらも曖昧な概念ではあっても、後者のほうがより「数の力」に左右されます。行政は「公益」のために行われるわけですから、裁判所で「何が公益か」を争う余地はほとんどなくなる。国家による管理や取り締まりが勢いを増すことになります。「公の秩序」が憲法上の原則になれば、たとえば集会の自由も、「公の秩序」を乱すとされて、許されないことになり、人権制限が簡単になってしまうわけです。

緊急事態条項の危うさ

究極の人権侵害は緊急事態の下において起こるものです。最後に、自民党草案九八、九九条として今回新たに提示された「緊急事態」に関する条項について触れておきたいと思います。これは、外国からの武力攻撃や内乱等による社会秩序の混乱、大規模な自然災害といった緊急事態が発生した際に、内閣総理大臣は緊急事態の宣言を発し、内閣が平時にはない強大な権限を持つことを認めるものです。これらの条項を新たに盛り込むことに賛成の立場をとる人たちの多くは、その理由として「どこの国の憲法にも緊急事態条項があるのに、日本国憲法にそれがないのはおかしい」という論旨で議論を進めようとしています。

「どこの国にもある」という緊急事態条項とは、そもそもどういうものなのでしょうか？

現在のドイツ基本法には、緊急事態条項がありますが、それは一九四九年の基本法制定から二〇年近く経った六八年の改正の際に加えられたものです。じつは、基本法の初期草案には緊急事態条項（一一一条）が存在したのですが、四九年の制定時には最終的に条文化されませんでした。その理由は、やはりヒトラー政権の暴走が招いた悲劇からの教訓でした。戦前のヴァイマール憲法は大統領に強大な非常事態権限を与えていたために、結果としてヒトラー政権の〝露払い役〟を演じることになってしまったとされています。そして、六八年に基本法が改正されて「緊急事態条項」が盛り込まれた際も慎重な議論が行われた結果、緊急事態においても憲法裁判所の活動は妨げられないことなどの配慮がなされた上で制定されました。また、市民や労働組合などの運動を弾圧する口実となり得る「対内的緊急事態」という曖昧な概念が盛り込まれることも回避されています。

一九五八年に制定されたフランスの第五共和制憲法一六条は、大統領の非常措置権を定めていますが、「状況により必要とされる措置」という曖昧な文言によって、六一年アルジェリア反乱時に事態が収束した後も長期にわたり非常権限が行使され続けました。そうした緊急権の濫用への反省から九三年、当時のミッテラン大統領はこの一六条を廃止して、大統領の緊急事態権限を大幅に制限することを試みています。

韓国では、一九五〇年に朝鮮戦争が勃発《ぼっぱつ》し、その後も休戦状態が続くことから「韓国憲政史は非常事態化の歴史」と称されるほど、緊急措置が乱発されてきました。八〇年に起きた光州事件で民主化を求めた学生や市民のデモを軍が武力鎮圧し、多数の死者を出した際も戒厳令が宣布されていました。九〇年代以降は、こうした過去の反省を踏まえ、緊急事態権限の濫用を統制する努力が続けられています。韓国の憲法裁判所は、国民の基本権が侵害される場合には緊急措置を「統治行為」とはせずに審査対象とする判決も下しています。

ドイツ、フランス、韓国。たしかに、いずれの国も現在の憲法には緊急事態条項が盛り込まれていますが、過去に緊急権の濫用によって苦い経験をしている点もまた共通しています。そしてフランス、韓国では実際に緊急事態権限を制限・縮小する試みも行われているのです。

自民党草案九八、九九条を見てみると、たくさんの問題点が浮かび上がります。現時点では「草案」であることも踏まえて、ここで個々の問題点を指摘することはしません。しかし、ひとつだけ、どうしても言っておきたいことがあります。それはフランス、韓国に見られるような「過去の過ちに対する反省」が自民党草案の緊急事態条項には微塵《みじん》も感じられないということです。

大日本帝国憲法八条では「法律に代るべき勅令」、つまり緊急勅令を定めていました。太平洋戦争が始まった一九四一年以降、公布される勅令の数が飛躍的に増えたことからも、それらがどういう性格を持ったものであるかは想像がつくでしょう。つまり、日本も先に挙げた三カ国と同様、緊急事態権限によって苦い経験をした過去を有しているのです。それにもかかわらず、その反省を一切忘れたかのように、配慮のたりない緊急事態条項が自民党改憲草案には盛り込まれているのです（詳しくは、奥平康弘・愛敬浩二・青井未帆編『改憲の何が問題か』岩波書店参照）。

【資料④】自由民主党・日本国憲法改正草案（二〇一二年四月二七日決定）抜粋

日本国憲法改正草案	現行憲法
（前文） 日本国は、長い歴史と固有の文化を持ち、国民統合の象徴である天皇を戴《いただ》く国家であって、国民主権の下、立法、行政及び司法の三権分立に基づいて統治される。 　我が国は、先の大戦による荒廃や幾多の大災害を乗り越えて発展し、今や国際社会において重要な地位を占めており、平和主義の下、諸外国との友好関係を増進し、世界の平和と繁栄に貢献する。 　日本国民は、国と郷土を誇りと気概を持って自ら守り、基本的人権を尊重するとともに、和を尊び、家族や社会全体が互いに助け合って国	（前文） 日本国民は、正当に選挙された国会における代表者を通じて行動し、われらとわれらの子孫のために、諸国民との協和による成果と、わが国全土にわたつて自由のもたらす恵沢を確保し、政府の行為によつて再び戦争の惨禍が起ることのないやうにすることを決意し、ここに主権が国民に存することを宣言し、この憲法を確定する。そもそも国政は、国民の厳粛な信託によるものであつて、その権威は国民に由来し、その権力は国民の代表者がこれを行使し、その福利は国民がこれを享受する。これは人類普遍の原理であり、この憲法は、かかる原理に基く

日本国憲法改正草案

家を形成する。

我々は、自由と規律を重んじ、美しい国土と自然環境を守りつつ、教育や科学技術を振興し、活力ある経済活動を通じて国を成長させる。

日本国民は、良き伝統と我々の国家を末永く子孫に継承するため、ここに、この憲法を制定する。

現行憲法

ものである。われらは、これに反する一切の憲法、法令及び詔勅を排除する。

日本国民は、恒久の平和を念願し、人間相互の関係を支配する崇高な理想を深く自覚するのであつて、平和を愛する諸国民の公正と信義に信頼して、われらの安全と生存を保持しようと決意した。われらは、平和を維持し、専制と隷従、圧迫と偏狭を地上から永遠に除去しようと努めてゐる国際社会において、名誉ある地位を占めたいと思ふ。われらは、全世界の国民が、ひとしく恐怖と欠乏から免かれ、平和のうちに生存する権利を有することを確認する。

われらは、いづれの国家も、自国のことのみに専念して他国を無視してはならないのであつて、政治道徳の法則は、普遍的なものであり、この法則に従ふことは、自国の主権を維持し、

＊

第一条　天皇は、日本国の元首であり、日本国及び日本国民統合の象徴であって、その地位は、主権の存する日本国民の総意に基づく。

＊

第九条　日本国民は、正義と秩序を基調とする国際平和を誠実に希求し、国権の発動としての戦争を放棄し、武力による威嚇及び武力の行使は、国際紛争を解決する手段としては用いない。

2　前項の規定は、自衛権の発動を妨げるもの

他国と対等関係に立たうとする各国の責務であると信ずる。

日本国民は、国家の名誉にかけ、全力をあげてこの崇高な理想と目的を達成することを誓ふ。

＊

第一条　天皇は、日本国の象徴であり日本国民統合の象徴であつて、この地位は、主権の存する日本国民の総意に基く。

＊

第九条　日本国民は、正義と秩序を基調とする国際平和を誠実に希求し、国権の発動たる戦争と、武力による威嚇又は武力の行使は、国際紛争を解決する手段としては、永久にこれを放棄する。

2　前項の目的を達するため、陸海空軍その他

日本国憲法改正草案	現行憲法
ではない。	の戦力は、これを保持しない。国の交戦権は、これを認めない。
*	*
第九条の二　我が国の平和と独立並びに国及び国民の安全を確保するため、内閣総理大臣を最高指揮官とする国防軍を保持する。 2　国防軍は、前項の規定による任務を遂行する際は、法律の定めるところにより、国会の承認その他の統制に服する。 3　国防軍は、第一項に規定する任務を遂行するための活動のほか、法律の定めるところにより、国際社会の平和と安全を確保するために国際的に協調して行われる活動及び公の秩序を維持し、又は国民の生命若しくは自由を守るための活動を行うことができる。	（新設）

4　前二項に定めるもののほか、国防軍の組織、統制及び機密の保持に関する事項は、法律で定める。
5　国防軍に属する軍人その他の公務員がその職務の実施に伴う罪又は国防軍の機密に関する罪を犯した場合の裁判を行うため、法律の定めるところにより、国防軍に審判所を置く。この場合においては、被告人が裁判所へ上訴する権利は、保障されなければならない。

＊

第十二条　この憲法が国民に保障する自由及び権利は、国民の不断の努力により、保持されなければならない。国民は、これを濫用してはならず、自由及び権利には責任及び義務が伴うことを自覚し、常に公益及び公の秩序に反してはならない。

＊

第十二条　この憲法が国民に保障する自由及び権利は、国民の不断の努力によつて、これを保持しなければならない。又、国民は、これを濫用してはならないのであつて、常に公共の福祉のためにこれを利用する責任を負ふ。

日本国憲法改正草案

*

第十三条　全て国民は、人として尊重される。生命、自由及び幸福追求に対する国民の権利については、公益及び公の秩序に反しない限り、立法その他の国政の上で、最大限に尊重されなければならない。

*

第十四条　全て国民は、法の下に平等であって、人種、信条、性別、障害の有無、社会的身分又は門地により、政治的、経済的又は社会的関係において、差別されない。

2　華族その他の貴族の制度は、認めない。

3　栄誉、勲章その他の栄典の授与は、現にこれを有し、又は将来これを受ける者の一代に限り、その効力を有する。

現行憲法

*

第十三条　すべて国民は、個人として尊重される。生命、自由及び幸福追求に対する国民の権利については、公共の福祉に反しない限り、立法その他の国政の上で、最大の尊重を必要とする。

*

第十四条　すべて国民は、法の下に平等であつて、人種、信条、性別、社会的身分又は門地により、政治的、経済的又は社会的関係において、差別されない。

2　華族その他の貴族の制度は、これを認めない。

3　栄誉、勲章その他の栄典の授与は、いかなる特権も伴はない。栄典の授与は、現にこれを

*

第二十一条　集会、結社及び言論、出版その他一切の表現の自由は、保障する。

2　前項の規定にかかわらず、公益及び公の秩序を害することを目的とした活動を行い、並びにそれを目的として結社をすることは、認められない。

3　検閲は、してはならない。通信の秘密は、侵してはならない。

*

第二十四条　家族は、社会の自然かつ基礎的な単位として、尊重される。家族は、互いに助け合わなければならない。

2　婚姻は、両性の合意に基づいて成立し、夫

有し、又は将来これを受ける者の一代に限り、その効力を有する。

*

第二十一条　集会、結社及び言論、出版その他一切の表現の自由は、これを保障する。

2　検閲は、これをしてはならない。通信の秘密は、これを侵してはならない。

*

（新設）

第二十四条　婚姻は、両性の合意のみに基いて成立し、夫婦が同等の権利を有することを基本として、相互の協力により、維持されなければ

日本国憲法改正草案	現行憲法
婦が同等の権利を有することを基本として、相互の協力により、維持されなければならない。 3　家族、扶養、後見、婚姻及び離婚、財産権、相続並びに親族に関するその他の事項に関しては、法律は、個人の尊厳と両性の本質的平等に立脚して、制定されなければならない。	ならない。 2　配偶者の選択、財産権、相続、住居の選定、離婚並びに婚姻及び家族に関するその他の事項に関しては、法律は、個人の尊厳と両性の本質的平等に立脚して、制定されなければならない。
＊	＊
第二十五条　全て国民は、健康で文化的な最低限度の生活を営む権利を有する。 2　国は、国民生活のあらゆる側面において、社会福祉、社会保障及び公衆衛生の向上及び増進に努めなければならない。	第二十五条　すべて国民は、健康で文化的な最低限度の生活を営む権利を有する。 2　国は、すべての生活部面について、社会福祉、社会保障及び公衆衛生の向上及び増進に努めなければならない。
＊	＊
第二十五条の二　国は、国民と協力して、国民	（新設）

が良好な環境を享受することができるようにその保全に努めなければならない。

＊

第二十五条の三　国は、国外において緊急事態が生じたときは、在外国民の保護に努めなければならない。

＊

第二十五条の四　国は、犯罪被害者及びその家族の人権及び処遇に配慮しなければならない。

＊

第五十五条　両議院は、各々その議員の資格に関し争いがあるときは、これについて審査し、議決する。ただし、議員の議席を失わせるには、出席議員の三分の二以上の多数による議決を必要とする。

（新設）

＊

（新設）

＊

第五十五条　両議院は、各々その議員の資格に関する争訟を裁判する。但し、議員の議席を失はせるには、出席議員の三分の二以上の多数による議決を必要とする。

日本国憲法改正草案	現行憲法
第五十六条　両議院の議事は、この憲法に特別の定めのある場合を除いては、出席議員の過半数で決し、可否同数のときは、議長の決するところによる。 2　両議院の議決は、各々その総議員の三分の一以上の出席がなければすることができない。 ＊	第五十六条　両議院は、各々その総議員の三分の一以上の出席がなければ、議事を開き議決することができない。 2　両議院の議事は、この憲法に特別の定のある場合を除いては、出席議員の過半数でこれを決し、可否同数のときは、議長の決するところによる。 ＊
第九十八条　内閣総理大臣は、我が国に対する外部からの武力攻撃、内乱等による社会秩序の混乱、地震等による大規模な自然災害その他の法律で定める緊急事態において、特に必要があると認めるときは、法律の定めるところにより、閣議にかけて、緊急事態の宣言を発するこ	（新設） ＊

とができる。（二項以下略）

＊

第九十九条　緊急事態の宣言が発せられたときは、法律の定めるところにより、内閣は法律と同一の効力を有する政令を制定することができるほか、内閣総理大臣は財政上必要な支出その他の処分を行い、地方自治体の長に対して必要な指示をすることができる。（二項以下略）

＊

第百条　この憲法の改正は、衆議院又は参議院の議員の発議により、両議院のそれぞれの総議員の過半数の賛成で国会が議決し、国民に提案してその承認を得なければならない。この承認には、法律の定めるところにより行われる国民の投票において有効投票の過半数の賛成を必要とする。

（新設）

＊

第九十六条　この憲法の改正は、各議院の総議員の三分の二以上の賛成で、国会が、これを発議し、国民に提案してその承認を経なければならない。この承認には、特別の国民投票又は国会の定める選挙の際行はれる投票において、その過半数の賛成を必要とする。

2　憲法改正について前項の承認を経たとき

日本国憲法改正草案

2　憲法改正について前項の承認を経たときは、天皇は、直ちに憲法改正を公布する。

＊

第百二条　全て国民は、この憲法を尊重しなければならない。

2　国会議員、国務大臣、裁判官その他の公務員は、この憲法を擁護する義務を負う。

現行憲法

は、天皇は、国民の名で、この憲法と一体を成すものとして、直ちにこれを公布する。

＊

第九十九条　天皇又は摂政及び国務大臣、国会議員、裁判官その他の公務員は、この憲法を尊重し擁護する義務を負ふ。

第五章　憲法条文の読み解き方

憲法に込められた「言葉の仕掛け」

二〇一二年の総選挙で自民党が勝利し、安倍晋三内閣が発足して以降、憲法改正をめぐる議論が熱を帯びています。また、すでに本書でも条文のいくつかを紹介していますが、自民党は総選挙での勝利に先立って同年四月に「日本国憲法改正草案」を発表し、インターネット上で閲覧することも可能です。「憲法改正」を結党以来の党是として掲げる自民党は、〇五年をはじめ過去にもこういった草案を作成してきました。また、読売新聞も〇四年に「憲法改正試案」を発表していますし、ほかにも多くの個人・団体がそれぞれの案を作成し、発表してきました。

本書でこれまで述べてきたように、憲法改正の議論をまっとうに進める場合には、立憲主義をはじめとする憲法の理念や意図を理解し、向かうべき方向性を見誤らないための正確な知識・認識を持つことが欠かせません。昨今の草案・試案のなかには、その点で首を傾《かし》げるようなものもあるのは事実です。しかし、かつて、一八八九年に大日本帝国憲法が発布される〝前夜〟の日本で自由民権運動が起き、それが刺激となって約四〇もの憲法草案が作られた時代がありました。そのなかのいくつかは今日、立憲主義の観点に照らして考えても非常に立派な内容です。

たとえば、明治の思想家・植木枝盛の『東洋大日本国国憲案』は、その七二条で「政府ほしいままに国憲に背き、ほしいままに人民の自由、権利を残害し、建国の旨趣を妨ぐるときは、日本国民はこれを覆滅して新政府を建設することを得」と記しています。つまり、政府が権力を行使して人民の自由や権利を侵害した場合、人民は抵抗し、それを転覆して新しい政府を作ることができるということで、これは第四章で紹介したジョン・ロックの思想で「抵抗権」と呼ばれるものです。また、植木の『国憲案』は、四五条で「日本の人民は何等の罪ありといえども生命を奪はざるべし」として死刑廃止も規定しています。

ほかにも歴史学者の色川大吉氏が東京・西多摩の五日市町《いつかいちまち》（現あきる野市）で個人宅の土蔵から発見した『五日市憲法草案』など、まさに〝草の根〟的に多くの国民が憲法に関心を持ち、「自分たちの手で最高の憲法を作ろう」としていた時代は、少なくとも「憲法は自分の日常の生活には関係ない」といった誤った認識が多数を占める現在よりも好ましい状況と言えるはずです。

そうした現在、それぞれの憲法草案・試案が出されるなかで必要となってくるのは、その内容を吟味する「眼」であり「見識」です。ただ、憲法の条文に出てくる用語や文体は、一般の人には「とっつきにくい」「難しい」と感じるものであるのは事実でしょう。そこで、ここでは「憲法条文の読み解き方」を、いくつかのキーワードを軸にして解説したいと思います。

「絶対にこれを禁ずる」

憲法条文の文体を「まどろっこしい」と感じる人も多いでしょう。しかし、憲法の条文に「無駄な言葉」はひとつもありません。

現在の日本国憲法で「絶対に」という文言が記されている条文は、全一〇三条あるなかで、ひとつだけあります。三六条の「公務員による拷問及び残虐な刑罰は、絶対にこれを禁ずる」がそれです。なぜ、ここで「絶対に」という極めて強い否定を意味する言葉を使っているのでしょうか。そこには、かつて体制に批判的（とみられる）思想の持ち主を取り締まっていた特高警察などの、ときに取調中に被疑者が死に至るような非人道的・反文明的な行為が横行していたという歴史的事実に対する反省が背景にあります。『蟹工船《かにこうせん》』の作者・小林多喜二《たきじ》が特高警察の拷問で殺されたのは多くの人が知るところですが、それ以外にも多くの人が犠牲になりました。このような〝過ち〟を二度と犯さないという強い国民的意志が、この三六条の「絶対に」という言葉には込められているのです。

また、三六条は「絶対に」という言葉を特に記すことによって、公共の福祉という概念をもってしても決して例外は認めないという強い意志を示しているのです。

ところが、自民党改憲草案では、三六条からこの「絶対に」が削除され、「公務員による拷問及び残虐な刑罰は、禁止する」という条文に変わっています。なぜ、現行憲法で一カ所だけ記されている「絶対に」を、わざわざここで削除したのでしょうか?

「九・一一」以来、米国では「テロとの戦い」のなかで拷問も容認される動きがあります。ドイツでも二〇〇二年、誘拐犯に対する取り調べで、人質の子どもの居場所を聞き出すため、医師の立会いの上で拷問が行われようとしました（ダシュナー事件）。「絶対に」の削除は、このような流れに呼応したものなのでしょうか。

しかし、「絶対に」は絶対に削除してはなりません。

「両性の合意のみに基づいて」

「絶対に」と同じように、現在の日本国憲法の条文で用いられる強い限定の言葉に「のみ」があり、前文を入れると五カ所で使われています。前文（自国のことのみに専念して）、四条一項（天皇の国事行為）、二四条一項（婚姻の成立要件）、七六条三項（裁判官の職権の独立）、九五条（地方自治特別法の住民投票）です。このうちの二四条一項。「婚姻は、両性の合意のみに基づいて成立し、夫婦が同等の権利を有することを基本として、相互の協力により、維持されなければならない」。

この「のみ」にも特別な意図が込められています。それが、どういったものであったか、この現在の日本国憲法が施行された当日（一九四七年五月三日）の大分合同新聞は次のように言っています。

「新憲法実施のよろこび　男女の権利は同じ　結婚は父母の同意なくできる」

少なくとも今日の価値観から言えば、男女が互いに合意して夫と妻になるのはあたりまえのことです。しかし、戦前には当人同士が「結婚したい」と思っていても叶《かな》わないケースは少なからずあったし、その背景には「親の決めた結婚」が社会一般にも認められていたからです。「親の決めた結婚」というのは、封建的な「家」の概念を現実化するためのものです。たとえば家督を継ぐ者同士の結婚が認められなかったのも、その表れです。その封建的なものを排除しようという強い意図が二四条一項の「のみ」には込められているのです。さらにこの「のみ」には、結婚のかたちに対する国家の介入を排除して、ふたりの当事者の意思の合致だけで婚姻は成立するという「婚姻の自由」の意味があります。

自民党草案では、その大切な「のみ」がなくなっています。「のみ」を削除した自民党の草案は、第四章のゼミ議論でも問題にされた「家族は、社会の自然かつ基礎的な単位として、尊重される。家族は、互いに助け合わなければならない」という押しつけがましい文言のあとに、二項として「婚姻は、両性の合意に基づいて成立し……」と、なんとも味気ない形になっています。

ちなみに、自民党改憲草案では、「のみ」はほとんど削除されています。権力者にプレッシャーを与えるような文言を減らす代わりに、国民にさまざまな「義務」を増やしています。

「三分の二」と「過半数」の微妙な組み合わせ

次のキーワードは、言葉というよりも「数字」です。現在の憲法九六条では、憲法改正の段取りは次のように規定されています。

①総議員の三分の二以上の賛成により、国会の「発議」

②国民投票での過半数の賛成により、国民の「承認」

③天皇により、「直ちに公布」

この①の規定を、自民党が「三分の二以上」から「過半数」に下げようとしていることは、ご承知の通りです。また、②についても、現在の憲法では単に「その過半数の賛成を必要とする」としていますが、自民党草案（一〇〇条）では「有効投票の過半数の賛成を必要とする」となっています。つまり「母数は有権者の数ではなくて有効投票数ですよ」と明記することで、ハードルをさらに下げようとしています。

まず、この「三分の二以上」という数字がどういうものであるかを考えたいと思います。

現在の憲法で議決に「三分の二以上の賛成」を必要としているのは、議員の議席喪失（五五条但書）、会議の非公開（五七条一項但書）、議員の除名（五八条二項但書）、衆議院が可決した法律を参議院が否決したときの衆議院の再議決（五九条二項）がありますが、これらはいずれも〝出席議員〟の「三分の二以上」を必要としています。〝総議員〟の「三分の二以上」の賛成が必要とされるのは、九六条で定められた憲法改正の発議だけなのです。

じつは、この〝総議員〟という言葉の解釈についても、法律で定められた定数ではなく「現在の議員数を指す」という説も存在します。つまり、議席の喪失や辞職、死亡などで生じた「欠員」をカウントするかどうかということですが、前述のように憲法の改正だけが「総議員の三分の二以上」という厳格なハードルを設けていることを考えても、そのカウントには安定が求められるはずです。欠員が生じれば変動する「現在の議員数」ではなく、安定した「法律上の定数」と解するのが妥当と言えます。

二〇〇四年の読売新聞社「憲法改正試案」も、直近の自民党草案と同様、九六条に定められた憲法改正のハードルを下げようとしています。そこでは憲法改正に向けて、ふたつの道筋が提案されています。ひとつは、国会での発議が議決されるための条件を現行の「総議員の三分の二以上の賛成」から「在籍議員の三分の二以上の出席で、出席議員の過半数の賛成」に下げた上で国民投票（有効投票）に問うというもの。この読売案だと、仮に在籍議員（現在の議員数）と法律上の定数がイコールだとしても、在籍議員の三分の二以上の出席×出席議員の過半数の賛成で、最低、三三・三％の賛成があれば国会は発議でき、国民投票にかけることができます。

読売新聞社が示した道筋の二番目は、国民投票という手続きを省略して、「在籍議員の三分の二以上の出席で、出席議員の三分の二以上の賛成」があれば憲法が改正されるというものです。この場合は、在籍議員の三分の二以上の出席×出席議員の三分の二以上の賛成で、最低四四・四％の賛成があれば憲法が改正できてしまう。

二〇一二年の自民党草案では、総議員の過半数の賛成で憲法改正が発議され、国民の承認を問う国民投票では〝有効投票〟の過半数が必要としている。前述のように「総議員」の定義は解釈の分かれるところです。国民投票に問うまえの段階で、確実に法律で定められた議員定数の半数以上の賛成を確保できるのは、現行憲法九六条だけということになります。

憲法のことを英語で「constitution」と言いますが、この言葉はもともと「構造」「体格」といった意味を持つものです。憲法は「総議員」と「出席議員」、「三分の二以上」と「過半数」、これらの「数字」の組み合わせで国政上の事項の重要度のバランスを取り、国を支える柱を緻密にデザインしているのです。とりわけ現行憲法の同一性を支える重要な柱が憲法改正手続を定めた九六条です。その柱を細くしようという草案・試案にも、それぞれの意図するところがあるでしょう。しかし、それは単に「数字」を変えるだけにとどまらず、国家の大事な屋台骨を改変するものだということを認識しておく必要があります。

「三十日以内」と「十日以内」

ほかにも憲法上の〝数字〟は、国家の規範に緻密な配慮を与えています。五九条一項は「法律案は、この憲法に特別の定のある場合を除いては、両議院で可決したとき法律となる」と規定しています。そして二項には「衆議院で可決し、参議院でこれと異なつた議決をした法律案は、衆議院で出席議員の三分の二以上の多数で再び可決したときは、法律となる」とあります。第三章でも述べたように、いわゆる「ねじれ国会」で、このような手続きを経なければならない状況を「決められない政治」の元凶とする声もあります。しかし、前述したように、「予算」と「条約の締結」については三〇日、内閣総理大臣の指名に関しては一〇日という期限を設けて、衆議院と異なる議決をした場合にその期限内に参議院が議決しないときは衆議院の議決が国会の議決となる、と規定しています。

この「三十日以内」「十日以内」という数字も、国家を支える柱の寸法を言い表したものだと言えるでしょう。予算、条約の締結も極めて重要な事項だが、総理大臣の指名はそれ以上だ。そういった具体的な価値観が、この〝数字〟には表れているのです。

憲法の文言は確かに抽象的なものです。しかし、抽象的だからこそ、ときとして具体的な力となって人権に制限を加えようとする国家権力に対抗し得るのです。憲法解釈や憲法裁判の重要性がそこにあります。

憲法にはまた、これまで述べてきたような「絶対に」「のみ」、そして「三分の二以上」や「三十日以内」といった妙に具体的な文言や数字が存在します。憲法のなかに盛り込まれたこうした「仕掛け」にも注目しながら、憲法のあり方を考えていくことが必要でしょう。少なくとも、自民党の改憲草案がこれらの文言や数字をどのように扱ったかを見れば、その改憲案全体の狙いも見えてくるのではないでしょうか。

エピローグ——憲法改正の「作法」

「番外ゼミ」を終えて

いつものゼミではなく、最初から最後までわたしが仕切る一回性の「番外ゼミ」をやってみたが、いろいろと面白い発見があった。たとえば、映画『ジョニーは戦場へ行った』（一九七三年公開）に出てくる、「民主主義とは、若者に殺し合いをさせるためのものだ」という主人公の父親の言葉と、憲法九条との関係についてのゼミ生の発言である（七二頁）。四〇年前、わたしがこれを観たときは学部の二年生だった。当時は、学生の間でも民主主義へのおおらかな思い入れが広まっていた。だから、わたしもこの映画の大切なメッセージを受けとめることができなかった。戦場に行く若者（徴兵適齢）は全世代的に見れば少数派であり、「憲法九条はその世代的な少数派にいる個々人を守るためにある」という指摘は、民主的多数派の権力に対する制限と統制という立憲主義の観点からすれば、じつに興味深い。

二一世紀になって大規模な国家間の武力紛争はなくなり、徴兵制（一般兵役義務制）で召集された若者同士が殺し合うタイプの戦争はほとんど想定され得なくなった。徴兵制を廃止する国も増えている。だが、米国のような志願兵制の国で、貧しい階層の若者が、除隊後の大学奨学金などの優遇措置を得るために志願するという、実質的な「貧困による徴兵制」も存在することを考えれば、徴兵制とは違った意味での現代的強制システムの問題性はきちんと考えておかねばならない。たとえば、大学の「秋入学」の結果生まれる「ギャップイヤー」に「ボランティアを義務化する」という類の動きなどにも要注意である。その意味で、九条が戦争・武力行使の選択肢を認めないことによって、実際に戦闘を行う立場に置かれる少数派の若者を、民主的多数派から守っているという指摘は、今日的意義を持つと言えよう。

「民意だから」と「民意にもかかわらず」

これもゼミ生に教えられたのがきっかけだが、大阪市長・橋下徹氏のツイッターに見る憲法認識の危うさである。安倍首相は九六条改正の理由として、「世論調査で五割以上の人が改憲に賛成しているのに、改憲発議を国会議員の三分の一で阻止できるのはおかしい」と、繰り返し述べている。安倍首相が「九六条先行改正」に前のめりになっていった時期は、衆院五三議席の「日本維新の会」共同代表・橋下氏の強いプッシュが影響していたとわたしは見ている。ゼミ生のひとりが、タブレット端末で、橋下氏をフォローしていて、四月一六日八時一八分のツイートをわたしに教えてくれた。そこには「憲法九六条改正だ。九六条は、国民の判断を問うこともできない規定となっている。憲法改正する権限は国民主権そのもの。憲法九六条は国民主権を制限し過ぎだ」とあった。かくもおおらかに「民意」や国民主権の絶対性を主張できる橋下氏は、司法試験のための知識としては格別、国民主権などの憲法の原理的問題について本気で考え、悩んだことがないのではないか。学べば学ぶほど、人は悩むものだからである。

憲法や立憲主義について真剣に考えていけば、民主主義だから、あるいは国民主権だから何でも正当化できるわけではない。あえて単純化すれば、民主主義は「民意だから」、立憲主義は「民意にもかかわらず」ということになる。橋下氏や安倍氏は「民意だから」

を突出させ、「民意にもかかわらず」の仕組みを持つ憲法の改正ハードルを下げようとしているのである。

ちなみに、ドイツ基本法（憲法）は、国民が独裁者の憲法破壊を支持し、「喝采」を送ったことへの痛烈な反省の上に立って、民主的多数派に対する「不信の構造」を周到に制度化している。「民意にもかかわらず」をここまで徹底した憲法は他にない。いずこにおいても、長い時間をかけて憲法という形になった権力抑制の仕組みは、「民意だから」という理由でそう簡単に変えてはならないのである。

「ねじれ解消」と「三分の二」未達成

本書に収録した水島ゼミ番外編が行われたのは、第二三回参議院選挙の二カ月ほど前だった。安倍首相が「九六条先行改正」に向けてまだ勢いのあった時期である。その後、これを選挙公約には入れず、「九六条潜行改正」に転換しつつ投票日を迎える。

選挙結果は、メディアが「予想」した通りの自民大勝で、「ねじれ解消」である。投票率は五二・六一％と、戦後三番目の低さとなった。選挙翌日、朝日新聞と東京新聞を除き、ほとんどの新聞が「ねじれ解消」という見出しを一面トップにもってきた。だが、この「ねじれ解消」という表現には疑問がある。「捻《ねじ》れ」「捩《よじ》れ」「撓《たわ》み」「澱《よど》み」「歪《ゆが》み」等々。すべて不自然・不正常を内在化した言葉であり、「解消」や「是正」といった言葉があとに続く。テレビでアナウンサーが、「ねじれ解消を最大の焦点とする参議院選挙を前に……」というように、選挙が近づくにつれて、読者・視聴者に「ねじれ解消」が刷り込まれていった。「ねじれを正す」というのは、衆議院と同じ議席構成に参議院がなることしか意味しない。与党の勝利が「ねじれ解消」の中身となる。参議院を「決められない政治の元凶」とする言説のごときは、二院制の存在意義を否定するものだろう。「決められない政治」から「勝手に決められる政治」への転換。これを止めることのできる参議院はもう存在しない。「ねじれの解消」が生み出したものは、衆議院が決めたことを迅速《じんそく》に追認する「カーボンコピーの参議院」ではないのか。日本の「民主的二院制」は、いま、重大な危機を迎えている。

「三年間も選挙がないのは千載一遇の好機である」（産経新聞七月二二日付）とか、「黄金の三年間」（読売新聞、同日付）といった評価がメディアの一部にある。その間に憲法改正も、ということだろう。だが、ここで確認しておきたいことは、参院選の結果、与党は憲法改正に必要な三分の二以上の多数を獲得できなかった事実である。この「三分の二」未達成は、今後、憲法政治のなかで重要な意味を持ってくるだろう。

「憲法九六条――国民的憲法合宿」のこと

八年前、わたしは、フジテレビ系『NONFIX』の『シリーズ憲法~第96条・国民的憲法合宿』(長嶋甲兵プロデューサー)という番組に出演した(二〇〇五年三月三〇日放映)。このビデオはゼミでも上映し、本書のなかでも触れている(四三頁)。

老若男女六人の一般の人たちが軽井沢で合宿して、慶応義塾大学の小林節氏とわたしの講義を受けたのち、自分たちだけで議論する。彼らは全員一致の結論を出すまでは家に帰れない。これがルールである。「護憲」三、「改憲」三で議論は平行線が続く。ところが、「そもそも憲法とは何か」というセッションで流れが変わる。「憲法は権力者を制限する規範である」という点で、それまで、すべての点でことごとく対立していた小林氏とわたしが同意見になったことから、六人の議論にも変化が生まれた。

合宿二日目、六人はついに全員一致の結論に達する。「国会議員によって提出される憲法改正案に対して、国民として態度を保留する。この態度を国民の側から表明することによって、より質の高い草案を提出させるきっかけにすると同時に、憲法は政治家が国民に押しつけるものではなく、国民が政治家の行動を監視する手段であるから、国民ひとりひとりが自分の考えや意見を持つことを期待したい」。六人は、憲法とは何か、改憲案の中身はどのようなものなのかをよく吟味するまでは、国会議員が出す改憲案に「いまは賛成も反対も表明しない」という結論を一致して選択したことになる。つまり原案否決である。

ちなみに、番組ではカットされていたが、合宿一日目の中間表決ですでに、「憲法改正を容易にするための改正手続（九六条）の改正には、全員一致で反対」という結論を出していたという。お互いに顔も名前も知らない普通の人々が、ふたりの専門家の話を長時間聞いた後に、自分たちだけで二日間議論した結果、ひとつの結論を出すことができた。その議論を克明に記録したこの作品は、二〇〇五年度のＡＴＰ賞ドキュメンタリー部門優秀賞（全日本テレビ番組製作社連盟）を受賞した。賞状を授与したのは麻生太郎総務大臣（当時）である。

インターネットの検索エンジン（Yahoo!、Googleなど）で「国民的憲法合宿」と入力すると、番組の中身を知ることができる。いま、これを再び多くの人々に見てもらい、憲法改正問題を考える素材にすることを望みたい。

憲法改正の「作法」について

「日頃憲法とは無縁の生活をしている」と語った元自衛官を含め、「国民的憲法合宿」に参加した六人の市民は、異なる立場の憲法研究者から情報を十分に与えられ、かつゆったりした時間を確保して議論した結果、憲法改正について賢明な判断を行うことができた。ここから言えることは、憲法改正のためには、少なくとも三つのことが必要だということである。わたしはこれを「憲法改正の三つの作法」と呼ぶ。

そのひとつは、憲法改正を発議する側に重い説明責任が課せられていることである。憲法を変えなくても、法律レベルで解決可能ならば、法律の制定や改正で対応する。どうしても憲法を変えなければ問題解決が困難という場合に限り、憲法改正が提起される。その場合でも、どうしても変えなければならない説明がきちんと行われなければ、憲法改正にはつながらない。憲法改正に特別重い手続きが設けられているのは、そのような「改正の発議をする側の重い説明責任」を制度化したものにほかならない。

第二に、憲法改正のための情報が十分に提供され、かつ自由な討論が保障されることである。第三に、十分な熟慮の期間が確保されねばならない。しかしながら、二〇〇九年に施行された憲法改正手続法（国民投票法）では、憲法改正国民投票運動について過度な制限を課し、投票までの期間も短く、憲法改正に向けて妙に急《せ》かされるような制度設計になっている。橋下市長は、「九六条改正は三年で」と、何の根拠もなく期限を切った。このように、もっぱら権力者が上から、自己の思い入れと性急さで改憲を提起してくるときは、国民（憲法改正国民投票有権者）はいったん立ち止まることが必要なのである。あの六人のように。

「立憲」か「壊憲」か

安倍首相は「憲法改正は私の歴史的使命」と語ったという（朝日新聞八月一三日付）。ここまでくると「改憲ナルシスト」である。野党のなかにも、危うい動きがある。「日本を孤立と軽蔑の対象に貶《おとし》め、絶対平和という非現実的な共同幻想を押し付けた元凶である占領憲法を大幅に改正し、国家、民族を真の自立に導き、国家を蘇生させる」。「日本維新の会綱領」(二〇一三年三年三〇日)の第一項である。国会に議席を持つ政党がかつて表明したことのないような、野卑で露骨な反憲法宣言である。これは、まともな改憲の議論とは相当距離がある。また、日本古来の「国体論」に基づく議論が、「国民の憲法」(産経新聞社)という形で公表されている。これは改憲案ではなく、新憲法の提案あるいは旧体制への復古の提案と言っていいだろう。

いま、憲法をめぐる対立軸は、伝統的な「護憲か、改憲か」ではない。憲法について理性的な議論が可能な、立憲主義を前提とする立場と、濃厚な価値観を前面に押し出し、立憲主義そのものを否定する「壊憲」の立場との対立である。大切なことは、護憲・改憲を超えて、「憲法とは何か」についての議論から始めることである。

「大切な一票だから行こう私のために」。これは新宿区選挙管理委員会の「明るい選挙啓発ポスターコンクール」の佳作を受賞した四谷第一中学校(現四谷中学校)三年生の作品である。なぜ選挙に行くのか。国のため、社会のためではない。自分のためだ、と。二〇〇一年の作品だから、彼女はすでに有権者になっている。いま、これを現代的に言い直せばこうなる。「憲法改正国民投票の大切な一票、だから行こう私のために」。これから憲法について、「一票の賢慮」が求められていくのである（拙著『憲法「私」論――みんなで考える前にひとりひとりが考えよう』小学館参照）。

本書が、憲法についてとにかく考えようという憲法改正国民投票有権者の手元に届き、議論が始まるきっかけになることを期待したい。

あとがき

本書は、集英社新書編集長・樋口尚也氏が研究室を訪れたところから始まった。憲法をめぐる問題について、多くの人々にどのようにしたら関心を持ってもらえるか。この点について樋口氏と意気投合した。ゼミ生には、樋口氏とライターの田中茂朗氏が参観するなか、通常のゼミの時間に、レジュメなしのぶっつけ本番のフリートークをやってもらった。そして、そのやりとりとわたしの解説を田中氏にまとめていただいた。この段階から、筆者のホームページの推敲者、村瀬慈子さんに編集作業に参加してもらった。その迅速かつ的確な指摘と提案に助けられ、本書のコンセプトがより明確になっていった。

わずか一日の「番外ゼミ」で語られたことは限られており、憲法の体系的な問題にあまねく触れることはできていない。だが、「番外ゼミ」におけるやりとりのなかから、少なくとも憲法改正の議論とどう向き合うか、憲法を「変える」という場合の最低限の「作法」について、議論の道筋は明らかにできたのではないかと考えている。なお、ホームページ「平和憲法のメッセージ」（http://www.asaho.com/）を開き、「サイト内検索」に知りたい用語を入力すれば、関連する情報を得ることができる。ぜひ活用していただきたい。

本書は、樋口氏と田中氏、それに村瀬さんの熱意と努力なしには、この時期、このタイミングで出版できなかっただろう。心からお礼申しあげたい。なお、途中から新書編集部の細川綾子さんにもお世話になった。水島研究室の関係者を含め、ご協力いただいたすべての皆さんに謝意を表したい。

最後に、「番外ゼミ」に協力してくれた水島ゼミの学生諸君[※]、どうもありがとう！

二〇一三年八月一四日

水島朝穂

※Special thanks to：伊藤綱貴（一五期）、青木彩、尾崎裕人、辻良介、當木春菜、橋本直希、原田真宗、深津功貴、古川聡、三好達也、望月愛、望月穂貴、山口千尋（以上、一六期）、石井信、伊藤達也、上田隆太郎、大政拓也、小川雄大、川手真祐美、木村浩之、久

保田景憲、黒須諒、澤田有佳、高山直毅、橋本修司、早川真帆、板東加那子、藤原聖大、堀切健人、渡邊勇介（以上、一七期）

水島朝穂（みずしま あきほ）

一九五三年東京生まれ。早稲田大学法学部教授。専門は、憲法学、法政策論、平和論。『憲法「私」論』（小学館）、『18歳からはじめる憲法』（法律文化社）、『戦争とたたかう―憲法学者・久田栄正のルソン戦体験』（岩波現代文庫）など著書多数。「96条の会」発起人。ホームページ「平和憲法のメッセージ」(http://www.asaho.com)にて、憲法に関するさまざまな発信を行っている。

はじめての憲法教室

二〇一三年一〇月二二日　第一刷発行
二〇一七年　六月一三日　第二刷発行

著者……水島朝穂
発行者……茨木政彦
発行所……株式会社集英社
東京都千代田区一ツ橋二-五-一〇　郵便番号一〇一-八〇五〇
電話　〇三-三二三〇-六三九一（編集部）
　　　〇三-三二三〇-六〇八〇（読者係）
　　　〇三-三二三〇-六三九三（販売部）書店専用

装幀……原　研哉
印刷所……凸版印刷株式会社
製本所……加藤製本株式会社
定価はカバーに表示してあります。

© Mizushima Asaho 2013
ISBN 978-4-08-720712-5 C0232

集英社新書〇七一二A

Printed in Japan

造本には十分注意しておりますが、乱丁・落丁（本のページ順序の間違いや抜け落ち）の場合はお取り替え致します。購入された書店名を明記して小社読者係宛にお送り下さい。送料は小社負担でお取り替え致します。但し、古書店で購入したものについてはお取り替え出来ません。なお、本書の一部あるいは全部を無断で複写複製することは、法律で認められた場合を除き、著作権の侵害となります。また、業者など、読者本人以外による本書のデジタル化は、いかなる場合でも一切認められませんのでご注意下さい。

a pilot of wisdom